你的父母不是你的父母

Vos parents ne sont plus vos parents.

Les clés pour réajuster
la relation avec ses parents
à l'âge adulte

Marie-France Ballet de Coquereaumont
Emmanuel Ballet de Coquereaumont

瑪麗-法蘭絲 & 艾曼紐 巴雷．迪．寇克侯蒙——著

好評推薦

有個朋友曾經對我說，她的媽媽適合當朋友，不適合當媽媽。所以她們目前母女關係融洽，更像閨蜜，而不是親子。如果她堅持以「母親」的形象看待媽媽，那兒時的陰影會屏蔽掉母女關係的其他可能性。我希望讀者能藉著這本書，給自己一個機會，能在走向和諧的關係裡療癒自己。

洪仲清 臨床心理師■

這也是我親身的生命經驗，與父母親關係好轉的關鍵之一，就是不要把他們當成父母親。自己要脫離永恆小孩的角色，還有將父母回歸人性化，把心中的理想父母期待拿下來，認知到他們就是「人」，都在學習及成長的過程，只是有快有慢。過程中總有衝撞，然而如同本書所說，沒有奇蹟解方，建立新的關係認知，才是可行的方向。

洪培芸 臨床心理師■

好評推薦

從心理學上來說，人性中最重要的部分在於童年狀態。

卡爾・古斯塔夫・榮格（Carl Gustav Jung）■

還有什麼比與周遭親友溝通更社會性的呢？
但若這關係讓你受苦，何不重新調整，讓每個人都變得更好！

丹麥家庭療法專家　亞斯柏・尤爾（Jesper Juul）■

因一個詞的力量
我重獲新生
我生而為認識你
喊出你的名字
自由！

法國詩人保羅・艾呂雅（Paul Éluard）■

本書受到亨利克・葛瑞茲基（Henriyk Górecki）[1]所譜
《第三號交響曲》啟發。

第二部分 TO BE OR NOT TO BE：父母眼中的永遠小孩

第三部分 建立前親子新聯盟

序言

提醒大家，我們自己和自身的關係，比我們跟父母的關係更加親密。唯有超脫自己和父母的關係，才能讓我們和自身有所連結。即使父母曾經在我們小小的童年時期無條件的付出，我們仍要拿回一項最寶貴的權力——一種自由、一種獨立思考的力量。

——艾立克．比內（Eric Binet）①

「你的父母不是你的父母」這樣的想法對很多成年人來說，不僅令人震撼到難以想像，也會讓人陷進一種矛盾的情緒裡。有的人會排斥這種荒謬的想法，有的人會感到被冒犯……然而越來越多人，在單純地回想自己的親子關係時，假設自己不再把自己的父母當成父母看待，便同時能感受到一種真切的釋懷感。即使這樣的想法令人感到不自在，卻是根本的事實。

因為這個觀念，實在無法用「令人愉悅」來形容，但這樣的新思維，卻開啟了一種新的道路——就關係、忠誠、責任、自由的層面來說，雖然親子關係之間仍有許多藕斷絲連，但也確實能帶領我們去實踐一種至今仍僅有少數人體驗過的真正和解。

成年人和自己前父母[1]的關係，是一種既敏感又複雜，也很少被談論的議題。市面上一些關於這類議題的書籍，常常為了使大家更容易理解，而僅停留在表面上的見解。現今以成人的角度重新質疑父母職責的作法，仍是一個禁忌的話題，因為在法國社會裡，猶太教、基督教的宗教傳統觀念根深蒂固。例如在聖經的第四戒律裡，告訴我們要「孝敬你的父親和母親[2]」。這樣的觀念深植於大部分人的心中，

① 巴黎臨床心理學家、心理治療師以及眼動身心重建法推廣者。

甚至伴隨著近似威脅的語意：「你們作兒女的、要在主裡聽從父母、這是理所當然的。要孝敬父母、使你得福、在世長壽。這是第一條帶應許的誡命。」[3]

自一九九〇年起，我們透過心理諮商，陪伴了許多個人、情侶和家庭，幫助他們在成年時期，從觀念固著又痛苦的親職關係，或是從有害的依附關係源頭中，擺脫了束縛，並且導向一種新的、跨世代的人際關係。這種新的諮商形式，我們稱之為「內在小孩心法」，在心理學中是**非常核心**卻仍顯少被提及，甚至被誤解的一種治療方法。

儘管一直以來，我們都有類似這種自己詰問自己的治療方法，但精神分析師愛麗絲．米勒（Alice Miller）卻是最早掀起革命、捍衛所有成人內在小孩的創始者。在她的療程中，力求以實事求是的方法來重建自己的生平，特別還必須要以內在小孩視野的情緒感知來感受世界。例如透過回憶，以主觀來重新建構過往的經驗之外，身體也會保留許多從童年時期就留下來的**那些有芥蒂**的記憶。只要成年人沒有向他的內在小孩提出新的情緒以及情感回應，那麼這位成人就會持續對他的養育者餵養一種幼兒的依賴關係。他也會一直對自己反覆訴說著一個和自己真實感知相去甚遠的故事版本。持續留存令他反覆受傷的依賴關係，使他無法和**現狀切割**，也無法重新定位自我，更無法從自己的人際關係中獲得自由（s'épanouir）。

我們在心理諮商的經驗裡，很容易看到父母在說教時，拿出一套幾乎和宗教信仰混淆的「既有公理」作為說詞，跟孩子站在互為對立的情形。大致上來說，當成年人重新和自己連結，以及和自己的內在小孩和解之後，會以內在孩子的視角來看待整件事情。他會成為自己內在小孩的主要對話者，並且和自己交織出新的連結，成為自己的盟友，同時也穩固自己的成年狀態。如此一來，成人就能放下父母加諸於身上的父母職責。在我們看來，這就是一種促使自己和前父母建立健康親子關係的途徑。

本書的主軸，為釐清自己內在小孩在關係情境中各個層面的構成要素。市面上有很多著作的首要目的，是鼓勵「前小孩」②去顧慮到自己父母的過往，而不去重視自己年幼的過去。這些過時的想法，特別強調大家得去理解父母和他的生命故事，**更糟糕的，是勸導小孩要原諒自己的父母**。

以上這些想法都有一種共同的缺失：那就是不惜任何代價去維持一種對父母有利，卻對孩子不利的**既有公理**。這是一種不對稱、有階級差異的親子關係。這些想法，很明顯的是在否定許多人為了改變而付出的努力。世界上有許多人，對於小孩

② Ex-enfant 為本書作者發展出的理論，將自己和父母有所區隔，並將成人後和父母間的親子關係視為過去式。

角色、父母職責以及家庭的既有概念從不加以懷疑，而做孩子的總是遭受指責的一方，只因為他勇敢地捍衛自己不被他人接受的言行，使他的存在本質遭到否定。**然後把父母不當的行為解釋為是對孩子的保護，為了使父母有台階可下**。

當然若是將所有的錯都怪到父母身上也不太合理，這樣一來便無法讓前父母和前小孩[③]各自承擔彼此該負的責任。所以在本書中，我們將試圖提供給讀者一套清晰有理的論述。

本書會優先談到對於前小孩的一些關鍵論述，讓那些長久以來不被重視的「成年人的親子問題」的視角得以重建。目前已經有太多父母因為沒有獲得適時的援助，而對正在經歷捨棄自己父母角色的過程感到痛苦。所以本書中，也會進一步提供能夠順利結束親職關係的方法與途徑。

那些在你的童年和父母的關係之間從未存在過的事物，我們並不會期望你今天或明天就去處理它；而那些在親子關係中沒有成功達成的狀態也已經永遠逝去。孩子啊，你使自己適應了許許多多親子、家庭、社會的羈絆，乃至於文化上的束縛，僅僅是為了擁有存在感以及被愛的感受。這樣的過度適應，也會是每個人塑造自我的必經之路。**站在已經成長為大人的此刻，來釐清自己和前父母的關係，會為你帶來放下過往的契機**。就好像終於能夠鬆開一個深沉水底已久的船錨，並朝向你難以想像、令人期待的新目的地航行而去。

本書並不企求能概括親子關係的所有情況，或是闡述一種真理的普世性。因為縱使許多家庭的境況都很相似，其中仍有許多複雜之處。三十餘年來我們診療過上千人，觀察到許多人因為人際關係上的折磨，而造成精神失能。我們會在此探究這些原因，向讀者們揭示一些跟自己父母有關連的癥結點，並提供一些解決問題的方向。我們所提供的並非唯一的真理，而只是單純地就一些綜合分析，以及心理治療的執業經驗裡所得到的有效建議，來和讀者們分享。

能夠坦然平靜地面對自己的「前父母」的成年人少之又少。若是這些大人，在面對自己的父母時總是被當成小孩對待，試問要如何自處？又要如何面對自己的子女呢？倘若心中潛藏著固著的信念如：忠誠、責任感、憤怒、罪惡感、反抗、融合、羞恥、害怕……等等苦痛的情緒，將會嚴重傷害親子間的連結。好消息是，和解仍然是可能發生的，但它僅在個人完整地修復自身的孩童經驗之後，才會發生。

所以，我們正面臨的挑戰是：哪些是阻礙成人和自己父母健康關係的舊有觀念？要如何解決永遠被父母當成小孩看的不適感？我們該如何從**困住自我的過往經**

③ Ex-enfant／ex-parent 在本書會譯為「前小孩（子女）／前父母（家長）」。

驗中解脫？我們又該如何和自己的「前父母」建立一種新的同盟關係？又該是以哪種型態繼續維持下去呢？

本書的第一部分「違抗既定秩序」，將會引領去你質疑那些阻礙個人心理健康發展與人際關係發展的跡象。人類天生就有逃離衝突或跳脫痛苦現實的本能，以求自己的原生家庭體系能維持現狀。若想開始疏離與父母的依附關係，勢必要將一些傳統的信念捨去。

再來，本書的第二部分「To be or not to be, 父母眼中的永遠小孩」，能夠使你辨認出親子關係障礙的徵兆。隨著本篇提及的實際案例，個人的或是家族中的經歷陳述，一段健康的「前親子關係」的樣貌會逐漸清晰。每個家庭都會有意想不到的對策，去發展一套實用的自處模式。

第三部分，也就是最後一部分「建立前親子新聯盟」，將為你描繪一種全新的親子相處模式範例。我們會依循一些有利於鞏固新同盟關係的線索，來支撐這樣的相處模式。而在這樣的建構裡，互相尊重以及合理的憧憬，使自己從原生家庭系統中解放出來，並不會與建立互敬、有益的人際關係及世代關係相抵觸。事實上，這樣的新關係，反而對個人生命歷程有相當的助益。

第一部分

違抗既定秩序

第一章

成人的父母不存在

一般來說，社會的進步是基於兩個世代的對立。當個體在成長時，脫離父母權威是個體發展中最主要的關鍵，卻也是最令人難受的副作用之一。能夠完成分離是件必要的事。我們也可以說，在人類演進的同時，已經在某種程度上，實現了這個程序。

—— 西格蒙特・佛洛依德（Sigmund Freud）

關係枷鎖

在心理治療方面，雖然處理成年後親子關係的作者屈指可數，但是他們的研究方法，為這個議題的反思開闢了一條新的道路。這也是我們會撰寫本書的原因。憑藉著三十年來無數的心理治療經驗，以及有鑑於其他心理學言論的不一致，我們執筆來分享執業的經驗與觀點。

非得做一個「好」家長？

心理治療師席薇・嘉蘭（Sylvie Galland）[①]在她最新一本著作中強調：「討論親職（fonction parentale）[②]這件事已有二、三十年的時間，如今已經動用了太多的精力以及情感，投射太多爭議點及強勢的意見在親職的想像之中。其中有許多對於親職的迷思，是無意識地把兩代間的人生經驗緊緊地連在一起，並堆疊而成。只因為父母的角色是被社會推崇、認可的一個價值觀，在無形中塑造我們的人生，也對我

① 瑞士心理治療師、心理劇作家。長期致力於主持成人團體心理劇及培養心理劇專業精神分析師。
② 親職（fonction parentale, la parentalité）父母養育子女的功能和職責。

們人生的許多決定，有一定程度的影響。」[1]她接著說：「對父母來說，卸下親職任務在生活上其實不容易適應，因為需要從過去那種被需要、不可或缺的習慣過渡到以前不曾有過的感受之中，例如開始出現一些失去身分認同、感到無用或是念舊的情懷。」在這裡，作者並沒有確切說明是哪些「雖常見、卻無法言喻的感受」。但可以確定的是，這些感受顯現了家長自動把自己的職責和角色綁在一起的一種強烈的身分認同。然而再這樣下去，我們很可能會自認為父母是一種「不可或缺」也理所當然必要存在的角色，固定在一個不能變動的立場中，終而無法脫身。

嘉蘭繼續道：「儘管卸下養育小孩、青少年的家長身分後，父母會有種如釋重負和重獲自由的感覺，卻也會同時出現一種空洞感，迫使我們無法完全地放手。目前新的親子關係研究越來越多，其中像是：如何成為成年人的父母？尤其重要。」這樣的提問看起來似乎有點奇怪。但對嘉蘭而言，為人父母都需要學會如何放棄自己的職責。當然不是指全然拋棄，只不過，這樣的親職觀念的確需要改變，因為身為父母，並不會一直永遠是父母，更不會是成年人的父母。

在大多數作者的著作裡，在處理成年人的親子關係問題時，最經典的基礎理論反而很少被重新質疑或討論。太過武斷的種種言論，很多時候只是在不斷地肯定這些親子關係的事實狀態，甚至被奉為聖旨。例如：「所有的父母當然都會想要給孩子最好的」「當家長在貶低自己小孩的時候，其實是在用激將法，激勵他們而已……」「家長其實沒有惡意啦！」「一日父母，終身父母」「我們就算成年，永遠都是父母眼中的寶。」……諸如此類的。我們對於家庭環境本質都很友善、對父母都有美好的想像，還會把親子關係、父母職責以及自然血緣關係三者混為一談。但是這樣的人生，是很苦的！

這些其實都是受到「反正也改變不了的既定事實」這種意識形態的影響。不管是群體也好，個人也好，都是以一種消極抵抗的表達方式來消耗父母親職力的展現。這樣說來，「父母的職責不僅不是在保護小孩，實質上只是潛意識地、盡其所能的守護每個人心中（或群體中）已經內化的父母形象。這樣的形象極其重要，得免於任何的詆毀，唯有在變成研究個體心理層面和社會和諧議題時才會被質疑。」[2] 因此，父母功能與職責的問題到目前仍是一個禁忌話題。

矛盾心理（Ambivalence）

許多心理治療作者不會對他們所捍衛的父母職責提出質疑，而是從血緣的角度，以片面獨斷的方式來正當化職責以及其永久性。那麼，我們要如何拋棄這個已經存在好幾世紀之久的「終身家長」和他「不可或缺的特性」這樣的觀念呢？嘉蘭心理治療師觀察到：「在小孩自我成長的過程中，都會有心理矛盾的現象，會非常積極地配合維持一段不管是心理層面或是物質層面，甚至是輔佐他人的關係。」[3]但是這樣心理矛盾的狀態是在何時發生的？出現的時機，就在小孩處於一種等待接收家長的關照，家長卻還不願意放下他們父母職責的時刻。這其實是一種尚未解決依賴關係的問題源頭，存在於當每個人都被「成年人的父母」幻象所催眠的社會觀念之中。在我們看來，這很明顯地是親子關係的枷鎖之一，阻斷了所有「前小孩」與「前父母」關係的真實演進。

對親職任務結束的哀悼

萬事萬物都有始有終，這是生命的自然法則，並不會有例外，若是去否認，可能會比哀悼還來得苦痛。要解決父母與成年子女的關係，難就難在是否能夠正視當親職關係結束時的哀悼。我們從來就不能以一個人所承擔的職責，去評斷他的真實身分。為人父母的，有朝一日會卸下責任，而當孩子的，將來也會成為獨立個體。更何況，「一個成年人」，儘管從這個稱呼，我們無法得知他背後那段漫長的自我建構過程，但也已不再需要一個額外的父母了，他自然能夠在他個體成長的過程中學習成為自我。[4]另一位心理治療師馬丁・米勒（Martin Miller）③完美地總結出我們的觀察：「卸下親職的目的，其實是在切斷和父母情感上的連結，並成為自己內在小孩的對話者。當事人就能在心理層面上，為自己重建親子關係。」

現在，就讓我們一起細看將前小孩和他的前父母（或反之）緊緊牽絆在一起，這段關係枷鎖的其他面向。

都是為你好！

在大多數人的心裡，為人父母的都深信自己掌握了對孩子最好也最正確的方法，有些父母不加思考地認定什麼是對自己孩子最好的選擇，不管他的孩子是三十、四十、五十、六十歲甚至是更年長的「孩子」。但很多時候我們並不會去質疑父母這樣的行為和企圖。且大部分的教育觀念都強調：「都是為你好」。這樣的父母時常干涉他們「眼中的寶貝」的某些私生活領域，如情感伴侶關係、家長角色、職場生涯……等等面向，卻絲毫不感到羞愧。

③ 愛麗絲・米勒之子。

關愛與愧疚

愛麗絲・米勒曾解釋過：「愛自己孩子的父母，應該要比其他人更知道他們不經心地對自己的孩子做了什麼。若他們只會口口聲聲說他們愛小孩，卻並不想要全面了解自己的小孩，那他們根本就不是真正在乎自己孩子的人生。」[6]

打著父母關愛名號的言行，其實就是第一個該注意的可疑徵兆。父母沾沾自喜地肯定自己充滿美德的言行是種令人擔憂的現象。因為在一段前親子關係裡，很容易以父母大愛之名義，命令前小孩應該以敬重父母為由而不要插嘴，任意為他們的所作所為進行辯解。但是這樣一來，親子關係就確確實實被關係枷鎖給套牢了。

再來，愧疚感是另一個需要特別注意的徵兆。若你在對於跟自己的父母表達自己的感受時感到愧疚，深怕傷害到自己的父母，或對他們不敬時，就表示你已經變成這段關係的獄囚。或許你覺得，身為父母，理當需要受到尊敬；也可能覺得，畢竟之前很多事情都是取決於父母的，所以讓他們感覺舒服自在這件事比你自己感到自在還來得重要。不幸地是，在好幾世紀以前就建立而傳下來的這套體制，完全否定了小孩的同等尊嚴。先不管你的年紀多大，難道你不會對這樣充斥著階級意味的不對等關係，以及把你幼兒化的體制感到憤恨不平嗎？照理來說，和大人的話語權相比，孩子的想法、觀感、感受、價值、夢想以及疑問、目的和話語，理應要得到同等分量的尊重。而且這些由小孩提出的質疑，父母可以反過來向小孩學習，也是寶貴的智慧。這種讓孩子跟大人有著同等權力的概念，與那種視家庭為一個長幼有序制度的傳統想法是相對立的。在傳統家庭概念裡，大人不但能夠全權要求小孩無條件服從自己，也能夠輕易地規定小孩要做到什麼程度。

典型教育

知名心理學家尚．皮亞傑（Jean Piaget）④提醒我們，在常見的教育理念中，大多是在不斷地嘗試讓孩子成為屬於大人社會裡的一分子。這種影響孩子的觀念為數之多，並不僅僅是來自父母，也可能是來自家庭、文化，甚至宗教信仰。皮亞傑認為，要擁護的觀點應該是：讓孩子成為能夠做出創新決定的男人、女人們，才能為社會注入新意。但是往往在某些親子關係中，孩子不但無法盡情發揮，父母還會要求孩子要對某些價值或是恆定原則絕對服從，儼然成了一座折磨人的無形牢籠。

只要你感覺到你的父母知道什麼對你最好，還認為他比你自己更了解你，那麼，在你人生中，很有可能會面臨到許許多多的難題。在這裡，你會清楚發現，你的自

④ 瑞士心理學家（一八九六～一九八〇），以兒童認知發展理論聞名。

我發展被親子關係的牽絆設限了。當然，你也可以選擇相信，你所做的這一切都只是在可接受的範圍內的犧牲。許許多多的人都在暗中等著自己的父母親過世，並相信等到那時候就可以解脫了。不過，這樣通常是行不通的。

乖巧的孩子，海倫

不久前，海倫（Hélène），一位五十五歲女性教師向我們透露：

我禁止自己活出自我已經長達三十年之久。這些年來，我一直陪伴著我得癌症的母親，直到她去世為止。但是，不幸的事接二連三，媽媽去世之後，我的一位阿姨罹患了帕金森症。為了照顧她，我花了五年的青春和精力在她身上。在她往生之後，她的妹妹有一天摔倒了，而且摔得不輕。她當時大概六十歲出頭，還算年輕。但好景不常，短時間內她的病情惡化，最終變成殘疾人士。我當時當然留在她身邊照顧她。結果最近她走了，我卻突然感到極為孤單。我意識到我其實根本沒有在我職場上全力以赴過。我頓時感到空虛，哀傷，沒有活下去的動力。而在我的腦海裡，有那麼一個小小的聲音一直在告訴我，這一切都很正常，我只是盡了我該盡的義務。但是，如果我對自己說老實話，其實這樣的犧牲一點都沒有為我帶來任何正面的好處。到頭來，從來就沒有人把我當人看，我只是個任人奴役的工具罷了。而且總覺得，我好像一直在期待，期待得到一個他人從不存在的認可。我真的恨我自己，恨我自己怎麼會那麼傻！

海倫這樣嚴以律己的態度，跟她父母小時候對待她的方式如出一轍。她深信這樣的態度，是為了讓她對人生做好準備而存在的。小時候，在爺爺奶奶面前，她是一個服從乖順的孫女，從未想過要反抗顛覆這樣既有的秩序。她到最終，一直受頤指氣使的長輩擺佈，背負著那些充滿正當性卻過分要求的重擔，在體系壓迫的夾縫中求生存。

黑色教育⑤

海倫的故事揭露了一個「黑色教育」不為人知的一面。這樣的教育致力於孩子

---

⑤ La pédagogie noire（德文原文：Schwarze Pädagogik）由德國教育家 Katharina Rutschky 在一九七七年的論文《*Schwarze Pädagogik. Quellen zur Naturgeschichte der bürgerlichen Erziehung*》中提出。後由愛麗絲・米勒發展闡述。

還很小的時候，就教導他們一些錯誤的教育準則，為的就是迫使他們臣服於大人的權力和潛在價值。海倫接收到的訊息是：「我們教妳的事情，都是為妳好，為的就是妳以後也可以為家人扮演好妳的分內角色。」這就是兒童教育裡暴力根本之一。我們沒辦法僅僅把年幼真實經歷堆放到看不到的角落，然後催眠自己有個很快樂的童年，以及有很好的父母。每個成年人，其實都有責任去釐清當他還是幼兒時候的事實。我們不需要去否認所獲得的照護與關愛，但是每個人都應該去承認，親子關係中既一成不變、不對等，卻又複雜的本質。

親職中的混淆

在家庭系統（système familial）裡，存在一種血緣關係（filiation）、親職（fonction parentale）以及親子關連本質（nature du lien）之間的混淆。而這樣的混淆往往會助長限制束縛與負面的人際關係。

維吉妮與她的婆婆

維吉妮（Virginie），四十歲出頭，是一位容光煥發、非常有活力女子。在經歷了一場痛苦的失戀後，總算重新找到一位伴侶。不過她對於新對象的媽媽無所不在的存在，感到相當困擾。這位媽媽已經獨自生活將近三十二年。在一次諮商期間，維吉妮跟我們大略描述了第一次拜訪對方媽媽的場景：

我彷彿進入了一位從未展開過新生活的婦女家裡。牆上掛滿許許多多的度假照片，特別是她跟她兒子的。他們在充滿異國風情的景色裡，手勾手擺出姿勢拍照，就像情侶一般。之後，她帶我到一間充滿了足球旗幟和運動選手以及吉祥物照片的客房。那個應該就是我男友青少年時期的房間。牆上掛了一張我男友差不多一歲半左右的照片，非常顯眼。我男友在那張照片裡有著嬰兒肥的漂亮臉蛋。我隨即對他媽媽說：「我好喜歡這張照片喔！之前就有看過了！他實在超級可愛！」就在這瞬間，她突然轉向我，雙手抱胸直狠狠地盯著我，大聲地說：「這是我的寶貝！」我當時啞口無言。回想起來，她其實很少用男友的名字叫他，蠻常叫「我的小寶貝」「小心肝」或是「我的小親親」之類的。我問男友，他也說這些親暱稱呼都很正常。

這位媽媽的反應看似很誇大，不過這樣的態度是很常見的。這位女士一直都是媽媽或母親的角色。她一手帶大她的兒子，就表示她非常珍惜這樣的母子關係。然而，維吉妮發現，有時她的伴侶會順勢去做一些能夠使他想起這段神聖的母子關係的儀式，也聽過他說：「世界上沒有任何一個女人，比得上我跟我媽媽這樣的母子之情的！」她接著說：

我瞬間恍然大悟，男朋友的媽媽其實是要拿我在我男友面前跟她作比較，讓我比不上她。而且我男朋友也已經跟他媽媽報告過，說我並不是那麼好對付的女人，我並不喜歡被操弄的感覺。所以我就選了另一個策略：每次當他媽媽想要讓自己看起來很全能時，我就跟她說，我因為沒有當過媽媽，所以沒辦法體會那是什麼感覺。現階段來說這個策略似乎奏效了，而且她也不再擺架子了。為此，我不停地跟我的伴侶表達對這個現狀的不滿。

親職的三個面向

親職是由三個連結面向組成：骨肉、象徵性層面以及人際關係。每個面向都有其重要性，沒有任何一個能夠替代另一個，也不可能和另一個混為一談。

骨肉連結（dimension charnelle）是指親子的血緣關係。我們可以僅是傳宗接代的人，可以不需要為人父母，反之亦然。不過血緣關係也是身分建構中重要的一環。

為了在成長過程中能夠有個施力點，每個孩子都需要認識自己的根源，擁有一個清晰完整的祖譜。家長的職責並非建立於生理父母的合法地位上，而是取決於能夠陪伴小孩建構「敘述自己生平事蹟」的能力上。身為哲學家也是精神分析師的辛蒂亞·弗勒利（Cynthia Fleury）為我們扼要重述：「身為一個小孩，我們會無可避免地去問關於父親的問題，就如同會問母親的故事一樣。不管最終被述說出來的是什麼樣的故事，重點在於不該用說謊矇騙的方式呈現。來源的問題也絕不能避開，小孩跟父母的信任才會基於這個事實而建立起來。而信心部分，就是能夠讓孩子心平氣和地去面對自己來源的疑問以及接下來自我發展的問題。所以，家長會扮演一個像是小孩擔保人的角色，擔保著關於小孩從哪裡來的來源論述以及事件的始末，並付予那些不在場的相關人物應該有的重要性。說真話，這就是親情的關鍵。」[7]

作為一個傳宗接代者，僅能夠突顯出繁殖的能力這種生命的自然過程，完全不能證明親職能力的好壞。在血緣關係方面，很多如「一日父母、終身父母」或是「我們會永遠是孩子的父母」這樣的想法，大致上是可以理解的。不過根本上作為父母，完全是另一個層次的事情。當然，這是親情的問題。在每個人的生命故事裡，血緣關係固然影響深遠，不過並非決定性因素。

象徵性層面則是會返回跟親職有關的一個層面。事實上就精神層次來說，會因為文化、宗教、社會、家庭不同，而成為最複雜的一個面向。其中包含許多被視為是母職或父職方面的相關討論。最後，父母的角色也返回到面對孩子時，父母自覺該承擔的責任上來談論。小孩並不是生來為滿足父母想望、期待或是願望的。心理治療師皮耶・拉絮（Pierre Lassus）⑥提及，為了讓父母能夠自己建構一個「夠好的」[8]親職能力，必須要有三項基本功能與職責——保護、供給、容許。

- 當孩子面對危險時必須保護他，並確保他身心靈的完整性。
- 以回應到孩子基本、人際關係需求的方式，幫孩子獲得那些對他自我發展重要的關鍵事物。
- 容許孩子成為他自己的樣子，而不是讓別人去定義他的樣子。

以上三個親職責任是不能被倒置的。當這樣的義務完成時，也就自然地表示親職任務來到尾聲。父母是陪伴小孩成長茁壯的人，而不需要繼續陪伴一個成年人的自我發展。

最後，**人際關係面向**和親情的本質有關。小孩並沒有權力去選擇和自己最親近的人產生連結（有可能是他年幼時期的重要他人，不一定是與他親生父母產生連結）。為了生存以及感受活力，這種依附關係是一種生命需求，一種來自生理上得去接收的身體、情緒以及情感上的必要照護。不管他父母的態度是親密還是疏遠，熱情或是冷漠，善待或是虐待，孩子會自己發展一套策略，好讓自己的父母或養育者能回應他的生理基本需求。[9]身為家長，必須要去意識到孩子的脆弱性以及親情易碎的本質。其實，孩子在很小的時候，就能夠以自己的方式來表達他不喜歡的事物。當他的需求沒有被回應，或是在他受苦的時候，很快地就會自我調適，擅於假裝，為的就是不失去情感連結。即使成長為大人，多數的前小孩會繼續和前父母維持以往那種假裝出來的親情連結。在成年後，這些被遺忘或否認的情感，會在他們的言行中，或在失能、苦痛的關係模式裡相互呼應。這就是一種不應被允許發生的苦痛症狀。

子女與父母間的關係是需要在成年之後被修復的。不過，目的並不是要討債，而是去淨化兩者之間的關係。前小孩以及前父母，雙方都有責任義務去重整親情關係。

⑥ 法國作家，於一九九五年～二〇一〇年間創辦並主編〈童年視野〉（Vues d' enfance）期刊。致力於兒童虐待及受害者研究。

幼兒化子女與責任混淆

會將親職的三個面向混為一談的目的其實只有一個，那就是去迴避面對子女與父母間的真實關係。這樣複雜的現實勝過血緣或親職，是一段同時、不同程度的相互善待或虐待而交織出的生命經歷。這樣的關係會促使每個成年後的個體去重拾自己的責任，而不去提問或是去閃避所有的質疑，看上去似乎比較輕鬆。多數人也自以為，只要把他們內心真實的一面拋在腦後，就可以保證家庭以及社會上的和諧。但事實上，這樣的作法只是為了構築一個集體的幻象做出貢獻，將他無法大方表達的苦痛、暴力都壓抑掩蓋住。所以說，認為「成年人的父母仍然存在」的這件事，其實就是參與了建構一幅海市蜃樓的幻象，實實在在地鞏固了既有秩序的存在。

這個通常被視為不可動搖、無懈可擊的既有秩序，大大地支配著成年後的親子關係，其實是非常微妙的。此種價值觀，通常都在自吹自擂自己擁有最良善的意圖，也帶有要別人尊敬的意味。但事實上，這只是在遮掩他把對象幼兒化（infantilisé）的事實，顯然非常矛盾。正因如此，成年人的父母並不需要存在。

前小孩／前父母之間親子關係的問題核心，在於如阿脫離這種幼兒化他方的狀態。「要讓彼此的關係『正常化』，是一種去掉稱謂的過程，是一種只和控制、監督與維持自然秩序有關的問題展現……人們為了要維持秩序，便以讓個體延後進入成年獨立階段為手段，來達到社會秩序和諧。換句話說，越晚達到能夠對既有秩序提出質疑的獨立思考的成熟狀態，秩序就能越穩固。這樣幼兒化個體的手段，通常會偽裝成想要幫忙個體正常化之舉動，而產生出更多無法自在、力量被削弱甚至是受威脅的個體。」[10]因此，要擁有一段前小孩與前父母健康親子關係的話，必須要停止這樣幼兒化對方的言行。為了成為獨立且自由的個體，親職並非唯一該釐清的重點，家庭方面的討論更是另一個棘手的議題。

第二章

很久很久以前……我的家庭真可愛

正因為生命力、生命感受以及生命需求三者不斷對立衝突的辯證，家，才會一直被視為能夠持續和諧並且完整滿足每個家庭成員的地方。

——喬凡尼·阿比內特（Giovanni Abignente）

《草原小屋》

家要怎麼組成？

基本上，家庭是教育小孩的地方（不管小孩是否與伴侶所生）。對於百分之八十的男女來說，建立家庭最主要的動機，來自於伴侶間的幸福美滿以及想要生育的渴望。[1]至今生育小孩的欲望，大致都伴隨著對於伴侶以及親職的一個正面看法。[2]然而，家庭卻凌駕於親職以及情侶間的框架之外，有自己的一套規則。

為了要相互維繫與佔有，家庭成員通常會自成一個單位生活在一起。我們常常聽到大家會說：「我們是家人」，然而很少人會去探究家人間是怎麼參與建構「家」這個概念。試問：「我們要如何組成一個家庭呢？」若我們對這個重點沒有任何疑慮的話，那麼家庭系統裡的親情關係進展就會被阻擋在外，只停留在一個自認完美且固定的家庭觀點。

很多人注意到家人間的關係有困難，是因為家庭的功能沒有完全發揮，也就是說，家是被合乎規則的結構所支配的。他們在不知不覺中漸漸失去了自由判斷的準則，也影響了自我發展的能力。這些人常會對自己的家庭投以一種美好的想像，但很多時候，這樣的形象跟他們所經歷過的事實相去甚遠。

小孩的真實苦痛

有些治療師會強調前小孩與前父母間的一些責難和怨恨的分量。他們談到小孩的期望和現實的差距，比如說小孩會想像自己有對完美的雙親，能夠無微不至的照顧他、滿足他被愛、被保護以及被重視的情況。這樣的小孩在他長大成人後，會一直期待能夠接收到他過去應該得到的那些關愛。所以前小孩需要坦然接受自己的父母並不完美，也得去放下那些兒時的期望。

乍看之下，這樣的理論似乎說得通。不過會造成大家去指責小孩不成熟，或是責怪他看不清自己父母的樣子，是一種對前小孩不利的看法，因為小孩經歷的那整個面向就會被排除在討論範圍之外。事實上，小孩不僅「知道」自己家長的極限或是他們不足的地方，他也會觀察到父母不完美的地方並且把它放到意識的門檻，甚至會以身作則好讓家庭維持在某種平衡狀態。所以很多成年人在和他們父母的關係中，會願意接受並且承擔自己作為小孩的功能，也會自認為必須要繼續假裝擁有那些沒有接收到的關愛。最近我們的一位病人反思到：

我媽媽獨自把我扶養長大，不過不算成功。我只記得她是一個為男人瘋狂的女人。每一次她談起戀愛時，我對她來講就不存在了。她對我的關愛斷斷續續的，只要找到另外一個男人，就會把我晾在一邊。而且這個情況不只一次，好多次了。我小的時候根本就從沒被正眼對待過，也沒有被愛的感覺。那時對我來說好痛苦，現在回想起來，一些童年片段我還是非常地驚慌，甚至比以前還更痛苦。很多時候，我媽都要我扮演大人的角色。很多任務對我來說根本天方夜譚，比如說在我十五歲的時候就要我無照駕駛。她常常對我花言巧語，說我已經夠大夠聰明了。在那些瞬間，我以為我是為她而活，現實中我卻感到驚恐不安。我雖面帶微笑但卻非常心寒。有一個聲音在我耳邊悄悄說：「怎麼會有這種媽媽這樣對待女兒的！」因此長久以來，我都催眠自己擁有世界上最好的家庭。如今，我跟我媽的關係已降到冰點。她竟然還想繼續利用我！我再也受不了了。

事實上，很少成年人會對自己的父母懷恨在心。大多數的成年人，雖有抱怨，其實對於自己的家庭所幻想出的理想畫面仍有非常深的執著。這個假想正是成年人會持續否認自己童年經驗的主要原因。[3]

將家庭理想化的主要原因

美國小說家蘿拉．英格斯（Laura Ingalls）寫給兒少的小說非常受歡迎。

一八六七年出生的她，在一九三〇年出了本叫做《拓荒女孩》的自傳。由於內容描述艱苦的生活太寫實，其版本曾遭到多位編輯拒絕。因此，英格斯執筆改寫，將故事美化，並在一九三二年以《大森林裡的小屋》為名出版而聲名大噪。英格斯死於一九五七年，不過她的名字隨著一九七四年到一九八三年播出的美國影集《草原小屋》而廣為人知。此影集描述十九世紀美國拓荒者英格斯一家人的故事，並由身兼導演和演員身分的麥可・蘭登（Michael Landon）出品。

此齣電視連續劇巧妙地闡述了至今很多人仍然認同的傳統家庭價值觀。這種被許多人不假思索地內化的家庭光景，是由六個理想化原則所組成：

1. 家庭不可能功能失常。
2. 家庭是由家人間的愛組成的。
3. 父母一直都是充滿關愛、體貼的。
4. 父母會教導小孩產生愛與尊敬的責任感。
5. 小家庭是唯一能夠提供關懷以及安全的環境，面對任何人生難題都能迎刃而解。
6. 個體的存在旨在服務家庭幸福。個人那微不足道、從個人價值觀產生的情感是為導向產生對同類的關愛。

其實只需要達到以上兩三個原則，就足以讓家庭的功能失常。其中有些原則先前已經被愛麗絲．米勒揭示出來了。這是一種在兒童教育中的粗暴導向，也是一種對家庭的迷思。[4]當然，現實和理想不盡相同，就像是英格斯的真實人生一樣，於二〇一四年的手稿中揭露出來。在手稿裡，英格斯的父母查爾斯（Charles）和卡洛琳（Caroline）看似忠心友愛，卻時常將小孩工具化（instrumentalisation）利用，使英格斯的真實生活充斥著各式各樣的暴力。

《草原小屋》症候群

我們把這些繼續相信「家庭是所有家人的泉源以及資源」這種虛幻功能的人，稱他們患有「《草原小屋》症候群」[5]。這些人相信，家庭能夠提供給所有成員一個最好的環境與最好的成長及自我發展的機會。但事實上，儘管家庭結構正在大幅度地改變，卻仍然對家中成員的童年經驗不甚瞭解或選擇忽略。所以在每個家庭成員心中，多多少少都會有創傷留下的痕跡。家庭治療師尤爾和其他專家都一致證實這樣的情形：「大部分的人在童年時期，已經學習到要如何把自己從家庭裡隱形消失掉，來優先展現家庭和諧與一致。除非有人逼他們去記住他們自身欲望的重要性，不然在家人面前，他們會選擇把自己的欲望和需求擱在一邊。」[6]

對家族成員來說，若家庭不是根源與資源的場域，那麼家庭真正的本質到底為何？

造人工廠

功能失調家庭

身為個人、家庭和團體的心理臨床治療師，我們相信每個家庭本身都有一個巨大潛能。而為了讓它發揮出來，我們必須要去理解美國家庭治療師維琴妮亞・薩提爾（Virginia Satir）①所提出的「造人工廠」這種家庭功能的概念。[7]

根據她的說法，有百分之九十六的家庭都是功能失調的。傳統家庭因為世世代代繼承了「要敬老尊賢」的概念準則，在恐懼、臣服、遵從的基礎上，讓人無法擁有喘息之地；家庭就很難在實際上變成一種對家人有所貢獻、真確且德善的同盟空間。

最主要也最常見的失能，在於把重心放在整個家庭系統裡最小、也最脆弱的孩子身上，對他種種的期許以及要求他做好該扮演的角色，阻止他單純地成為自己——一個有生命的孩子。這個不平等的對待仍然存在於我們的現實當中，我們甚至還為這種異常的行為背書。二〇一八年三月四號在C8電視台裡由提耶里．阿迪森（Thierry Ardisson）所製播的《地球人》節目中，記者博納．德．拉．韋雅地耶（Bernard de la Villardière）就激動地回應一則關於友善親職的報導。他向大家得意洋洋地分享自己常打他年幼兒子的屁股；也坦然公開自己因為兒子對自己說了不敬的話，曾把麵包往他臉上砸過。最後他竟然說：「如果要我給父母一個忠告的話，那就是要跟小孩說愛他們。因為我父親對我拳打腳踢是家常便飯，雖然有時候是過頭了點，但是最後他都仍會跟我說他愛我。就是這份愛比什麼都還重要。」

在此又一次地說明，**體罰教育就是在理想化家庭（或是父母）下背書的產物。以為至高無上的以愛之名就能為自己不當、粗暴的行為辯護**。理想化的家庭即是對「家庭是全能且充滿愛的地方」的幻想，虛幻又充滿危險。幸好，並非所有父母都受這樣盲目的觀點左右而苦惱。

---

① 美國家族治療師（一九一六～一九八八）。家族治療運動創始者之一。薩提爾成長模式在臺發展已有二十年之久。

珍妮和她作為母親的義務

五十出頭的珍妮（Jeanne），很快就接受要幫助她十八歲的兒子做家庭治療的想法。他有很嚴重的拒學症。珍妮記得：

我跟自己說，這是我身為母親該做的事。我二十四歲的女兒陪我去做諮商時，讓我感到很放心。我心裡想說，如果我們是兩個人一起走過療程，那一定可以更堅強地去幫助我兒子。但想不到的是，就在第一次的療程中，我受到了很大的衝擊。治療師引領我如何脫離母親的角色，進而讓我表達自己個人的感受。我突然意識到，我完全忘了該怎麼做。我身為人母已經那麼久了……

前兩次療程做完後，珍妮開始找回自己的中心點，也漸漸開始察覺自己和兩個孩子之間關係功能的缺失。她表示：

當治療師向我對我自己父母的關係提出問題時，我完全愣住了。是他提醒我這點的。我跟他說，我父母已經盡他們最大的能力去當一對好父母了。在這瞬間，我突然了解到我兒子的不自在，其實根本就是我協力建構那個家庭的對照版，由於以前我所接受到的觀念是，堅強是教育中的關鍵價值，所以我沒有權利去承認或表達自己的苦痛，進而得到安慰。從小開始，我就一直把應該要剛強的表現跟我媽嚴厲的要求以及愛三件事聯想在一起，而在療程中，我意識到這樣以家為名的愛，根本就是一個幌子！我兒子、女兒還有我，三個人都需要從這個牢籠中解脫。我們忍氣吞聲好一段時間了，卻始終不敢承認自己的處境。如此一來，面對我的孩子時，身為家長的我，剩下的責任好像就只有去譴責如此失衡的親情。

那真是一個讓我很感激的經歷。而這個經歷唯有在我坦然、清楚的去感受、傾聽我心裡那個小珍妮的心聲時才會發生，那個沒有得到足夠母愛的小珍妮的心聲。此後，我感到無比釋懷，也見證了我兩個小孩成長的快速變化。不過，「前小孩」或是「前父母」這樣的稱呼目前對我來說還是有點彆扭，畢竟現實中我仍是一位母親。我知道這樣的稱呼是正確的，聽起來也有益身心，但我目前才剛開始進入親職任務結束的哀悼期而已。

雖然有些家長能夠接受自我檢視，但他們對釐清自己雙親教育言行的想法仍躊躇不前。這樣的態度出現就表示：要對世世代代支配著家庭系統的既有秩序提出批判質疑，其實是有困難的。

評估親子關係

心理學家同時也是心理治療師伊莎貝爾．費歐莎（Isabelle Filliozat）②證實：「好幾個世紀以來，我們一直在宣揚所謂『對父母要尊敬』這件事。這樣的尊敬實際上只是一種敬畏和服從，僅是用來維繫既有秩序的傳統價值觀以及認同祖先對我們的影響力罷了。在一個演化的進程裡，比起面對小孩的批評，我們更加害怕父母對自己的評價，這何嘗不是種矛盾的心態？看看我們現今人類世界的狀態就知道，我們這樣敬畏長輩的態度，把我們引領到歷史哪個發展方向了。[8]

不意外，想去評估前小孩和前父母之間的關係，這樣的想法會引起很強的抵抗。身為前小孩，即使成年後，仍保有許多他自己在童年時所發展出來且內化不被允許做自己的禁忌。因此，一個健全的親子關係演進，就必須趁年輕的時候慢慢學習。對於家庭功能的看法，小孩一定感受得到，也必有他們想說的話。如同家族治療師毛利久．安多菲（Maurizio Andolfi）提醒我們：「孩子們對父母來說，其實是能夠找出問題根源的無價資源，也是能夠連接山谷兩端的橋樑。若有任何的疑問，只消問問兒童或是青少年，就能夠讓我們對家庭的發展以及他們正在面臨的難題有個頭緒。最重要的是，要以遊戲那樣真誠、輕鬆的態度去跟他們進行交流。」[9]對安多菲治療師來說，**小孩才是家庭系統裡看得最清楚的專家**。

所以，其實要探究自己和自己父母的關係，永遠都不嫌太晚。我們在家庭諮商的經驗中告訴我們，每天都有許許多多不可思議的益處，從治療期間冒出來。若是將藏於前小孩與前父母關係的那些癥結攤開來看，就得以讓每個人在經歷中針對下列四點做識別：

- 遇到不恰當或是無法忍受的狀況時，可以予以譴責；
- 每個當事人的感受，雖主觀卻正當；
- 過去落在大人們身上的責任；
- 每個人在現在當下的責任。

如同珍妮的案例中說的那樣，家庭並非只侷限在父母與小孩之間的關係。家也具有象徵性以及跨世代的重要面向。家庭形象如同父母形象一般，大多時間因為被過度理想化而讓家庭成員們感到痛苦，反而成了妨礙釐清家庭功能失常原因的重大阻力。

---

② 法國心理治療師伊莎貝爾·費歐莎（Isabelle Filliozat）（一九五七～），著有《最好的教養，從面對真實開始》，周昭均譯，於二〇二〇由遠流出版。

根本的自由

打個比方：工廠，就是我們把原始材料轉換成能量，或是製造成其他各種不同功能產品的地方；而家庭，即是能讓裡面各個成員的獨有價值提升的實體單位。在家人間的互動，會產生用來學習、成長以及相互鼓勵，而發展出令人難以想像的協同作用。家庭應該用來支持一種生命的改變，即是薩提爾所提出的「一種談論人生的方法」[10]的轉變。

很可惜的是，在很多家庭裡，幼孩的問題一直被視為弱勢與不成熟，甚至是不好的一面。這樣一來，家就成了只將成員進行「正常化」過程的場所，侷限了個體的五大基本自由與權利：[11]

1. 與其只是在場，更需擁有在聽和看的自由。
2. 有說出自己真實感受與想法的自由，而不是提供規範，要求我們該怎麼想。
3. 有感受任何感受的自由，而非我們應該感受特定事物。
4. 有要求取得我們想要之事物的自由，而非等待許可或等待他人猜到我們想要什麼。
5. 有自行承擔風險責任的自由，而非選擇絕對安全環境或從不敢更動事物。

家庭內部的環境穩定，通常是跟家庭成員的變化相對立的。這些由薩提爾定義的自由，如同「擁有滿意而健全的人際關係」成立的必要條件，與建立家庭的迷思、價值、規條、角色或是其他種溝通形式是完全相反的。這種自由會導向一種既有生命力，有創造力的運動，並產生一般人類系統不想去觸及的改變。在比較艱困、不穩定的狀況下，家庭成員會改變自己既有與附加的舉動而選擇凝聚在一起，也就是確保家人間的連結不中斷。為了避免任何不自在的態度在家庭中出現，他們會開始進行可預期、高重複性的溝通。這樣維持環境內部穩定的運作，就與尊重每個個體的不同與完整之概念完全相違背了。

若是對所有的根本自由嗤之以鼻，受苦的感受會隨之而來，同時，想要擁有一個修復與同情回應的渴望便隨之產生。即使每個家庭各自有處理家人苦痛的方式，但當這種被家庭視為威脅的苦痛被低估、忽略或被隱藏起來，受到禁止或是在家人間被拿來利用時，家庭功能失調也就越明顯。

別忘了，對成年人來說苦不堪言的事，對小孩而言也是很難受的。薩提爾強調：「當新生嬰兒降臨這個世界時，他們就像是一張白紙，對任何事都是開放的態度；孩子們很快地學會如何避免任何潛在苦痛的狀況，如同一種責難。」[12] 在這樣的狀況條件下，小孩，那個最脆弱的人，很容易會傾向克制自己，覺得「不該勇於表現」

這種原來是構成人類最重要的本質之一。

至於家庭規條，薩提爾補充道：「儘管這些規條，並未被家人或個人有意識地執行，但個人的一切行為，其實都在對一連串凌駕於家族群體之上那些可預期的常規在進行回應。」[13]成年後，若想要從這樣扼殺自由的家庭規條中解脫並釐清原因，那麼我們就得觀察家族是否有時會暗中迫使每個人締結一種過時又失能的關係契約，且要求個人展現無瑕的忠誠。

聖誕老人（有時）有點渣

《家族風雲》

《家族風雲》是美國二〇〇六至二〇一一年間在美國廣播公司電視台（ABC）所播出的連續劇，講述沃克（Walker）一家已成年的小孩們的故事。在父親去世之後，兄弟姊妹才得知父親生前過著雙重生活，沃克家完美的形象也隨之破滅。大家長媽媽諾菈（Nora）下定決心要把她所珍惜的家人向心力重新凝聚在一起，找來了手足們齊聚一堂。

在第五季的一個場景中，諾菈跟她的小孩們宣布她不會跟大家一起過平安夜。

於是小孩們就聚在媽媽的廚房裡商量。長女莎拉（Sarah），次女凱蒂（Kitty）以及老四凱文（Kevin）還有老么賈斯汀（Justin），乖乖地扮演他們在家庭系統裡固定的角色，紛紛對這個消息做出不同的反應。

母親諾菈：「耶誕節的裝飾在客廳，你們隨便拿吧。如果有任何問題，就算是一丁點疑問，隨時打電話給我，我手機不會關。」

賈斯汀，驚訝地說：「噢！」

諾菈：「好了！我就先離開了。」

凱文：「怎麼了嗎？」

諾菈：「孩子們，我愛你們，聖誕快樂！」（便離去）

凱文：「等等……」

賈斯汀：「我沒看錯吧？」

凱蒂：「嗯，對，媽剛取消平安夜的聚會了。」

莎拉：「老實說，我鬆了一口氣。」

凱文：「怎麼會有這種媽媽敢做這樣的事！」

莎拉：「那我回辦公室了。要怎麼做，你們決定吧，跟我說一聲就好。」（離

開了廚房）

賈斯汀：「這真的很衰耶！」

凱蒂：「是不是衰事還不知道，搞不好是好事。凱文點頭表示同意。對了，對我們來說，這也許是一個來想想我們以後該怎麼過節的一個契機。也許，你們應該來我家過平安夜。」她開始興奮起來接著說：「那這樣我會在客廳擺個漂亮的聖誕樹，烤火雞給大家！還有……」

凱文：「凱蒂，不用費心去搞這些啦。」

凱蒂：「沒啦，這個很快就可以弄好了。」

凱文：「但是我覺得你家裝潢……太現代了，我家可能會比較好。」

賈斯汀不耐煩地說：「對啊，我對今晚好期待喔~快點決定吧你們。」

凱蒂：「不是啊，凱文！我是真的很想讓大家在我家過節！」

凱文：「妳怎麼這樣說？妳是在嘲笑媽媽準備的聖誕夜大餐嗎？」

凱蒂：「哪有。」

凱文：「妳就有。那就來我家過吧，一定會好更多，還有……」

凱蒂：「好更多？」

賈斯汀：「欸，好了啦凱文。」

凱文：「欸，不是，我不是那個意思……」

凱蒂：「好啊！那就都不要辦了，我知道了。那我回家了。」

凱文：「不是啊，我是說會『安排得更好』的意思……」

惱羞成怒的凱蒂硬生生地回：「我們明天再給我好好談！凱文！」

凱文：「凱蒂……」

凱蒂正在離去：「你竟敢說『更好』，我是在做夢嗎？」

賈斯汀不安地說：「我才一點都不在乎今晚我們可以在哪裡做那該死的耶誕布丁！」

在母親突然離去的場景裡，兄弟姊妹自動自發地像是大小孩一樣，以過度反應的態度去面對情況。但會有這樣的反應，其實是因為從來沒有檢討過家庭僵化系統背後的原因。媽媽諾拉，一個常用不同方式情緒勒索的慣犯，想要藉由聖誕節開溜的舉動，來讓大家想起她有多麼重要。至於跟爸爸比較親的莎拉，遇到這樣的情況時，則是選擇把她全部精力投入到由她負責爸爸之前經營的公司裡。雖然凱蒂曾經笑過媽媽的那些食材，對媽媽很忠誠的她，現在卻是想要重新還原媽媽過去所準備的聖誕夜。在家裡最不被感激的凱文，也想要利用這個機會找到他可以取代他姊姊安排大餐的機會。最後，「最小的」賈斯汀反應就像小孩一樣，堅持只想要過他以往的那種傳統聖誕節。

家族壓力

每逢佳節，多數向我們尋求協助的人都會感到緊張焦慮。就像克里斯多福・安德烈（Christophe André）所說的那樣，這些節日對人造成的心理影響不容小覷：「家庭聚餐並不是要讓家人間互相咬住對方不放……但有時候在心理上，這樣的衝動會一再地發生！所以全家人圍爐過聖誕夜時，個人神經就會緊繃到擦槍走火。原本想像那種和平圓融的氣氛很快就會破滅。這樣的話，還剩下什麼呢？單單以一整串的談話交流，很容易突顯出我們其實像一戳就破的泡泡，只要談到『若生活在一起』或『試著生活』就會引發爭執；不過與此同時，卻也會顯現出我們其實對愛與親情有著無限的渴望。」[14]

每個人都試著在家庭裡找到他自己的位子，一方面想讓他的個人價值受到其他人的認可，另一方面也想很自在地表達自己是誰。不過除了這些家人個別的渴望會相互摩擦的事實之外，一種會對家族成員慢性傷害的功能也在其中蔓延開來，以致於個體被困在他自己的角色裡，無法獲得合理的需求與想望。

在家族裡的自我否定原則

在《家族風暴》裡，儘管比不上《草原小屋》症候群那些明顯的症狀，沃克一家人個個都遵守了那些有助於建構理想化家庭形象的準則。影集完美演繹了部分家庭為了要維持它理想架構而遇到的難題，這其實就與在家庭現實狀況中，否定自己家族角色的原則很有關係。

1.雖然家庭功能失常且充斥著謊言、潛台詞、祕密、語言或肢體暴力，這些都不重要，因為只要是發生在家裡的事情，都是可以原諒的。

2.個體在家庭裡只要沒有家庭系統的允許，就不太能自我充實。就好像如果太強調自己的個人價值，就會損害家族利益一樣的感覺。

3.雖然父母不完美，但因為過去和現在都一直付出最大的努力，所以值得尊敬；過去是家族裡敬愛的核心，現在也繼續是。

4.在家族裡扮演的不同角色是固定不變的或是非常善變的，也好像沒有理由大驚小怪。

5.真正的愛是出自家庭，所以小孩要對家庭忠誠，並且守護其義務與價值。

6.成年人不管年紀多大，只要還有長輩健在，他們就永遠是長輩眼中的小孩。

上述的狀況只需要其中兩、三個原則成立，我們就可以歸納出，這個家庭有非常嚴重的功能失調的狀況，而每一次的家庭聚會，就是一種用來進行否定家庭實際狀況的場合與契機。

不愛了

人類為了自我發展，都需要靠他所承接過的愛來建構自己。理想化父母的基本原則，即是希望證明這份愛源自於他的雙親。只不過，這只是現實中的一個面向。為了成長，我們需要去檢視雙親「不愛了」的原因，以及以不批判父母的方式，用平常心看待他們已經負擔過的責任。

孩子會從他的身體裡知道，他正在經歷的事情是否有愛的加持，如果他沒被禁止發表意見，他就會自然而然地表達自己。你曾是的那個小孩，其實每每都會將「不愛了」的感受納入自己的認知體系之中，並試著說服自己，大人們講的話、做的事都是為他好。只不過，他的身體會很誠實地透露完全相反的情況。

很多父母都會以「都是為他們好」的名義，以小孩接受到的關照比他們自己多來當作藉口，為自己強加在小孩身上的行為進行辯解。這樣以小孩為仲介的修復行為，會讓小孩單方面覺得是父母「不愛了」。當成長為大人後，前小孩又會覺得自己好像虧欠了父母什麼，或覺得自己忘恩負義。這樣一來，成年人很難對這段關係發展出具有批判性的反思。因為在父母愛的背後，隱隱約約藏著那種不被愛的感覺，子女會感受到自己的需求沒有受到重視，而自己的價值也同時被削弱。所以再多的道歉和理由，對於內在小孩來說，都是於事無補。不被愛的感覺，是親子關係問題的另一面向。有些大人會持續合理化父母的言行，依賴著父母，甚至仗著自己在小時候沒有受到關愛，要脅父母繼續擔任親職任務。在我們和自己父母角色反轉的情況下，其實藏著一種對自己內在小孩深層的背叛。

若要從「不被愛的感覺」的療傷中走出去，那就必須不閃躲，並好好地正視這種感覺；若要脫離理想化與自我否定的困境，那麼打破充滿幻想的親子連結，更是必要之計。

幻想的親子關係

我們在治療陪伴個案時，會特別向他們強調前小孩與前父母之間親情關係的本質。想要在成年後獲得解放，首先要經歷的步驟，便是要停止對雙親以及家族提供安全與保護的那種幻想。當我們的情緒以及情感上的需求沒有被填滿的時候，這樣幻想的親子關係就會如海市蜃樓般的浮出，阻止你在人生中跨過深埋在你內心最根本的孤獨。

很多心理治療師因為過於強調探索成年人自我內化的父母形象，而繞過許多成年後前小孩與前父母間存在的棘手問題。這樣其實會造成一種錯覺，好像現今成年人跟自己父母過往的關係毫不相關。如果今天親子關係被許多問題面向定義與填充，其中也必然包含功能失常的本質。美國知名心理治療師布雷蕭指出：「一個人在情感層面上越不能展現自我，那他幻想的親子關係就越強烈；一個人若越感到被拋棄，那他越會緊抓著家人以及雙親不放，越發將他們理想化。理想化自己的父母，等同於把他們養育我們的方式給理想化了。」[15]

在這種種的原因裡，一個人若對他的雙親或是他的家族非常依賴的話，其實就是家庭功能失常的症狀。因為家庭中每個人在成年後都要背負一定比例的責任。當關愛的言行舉止充滿在家庭裡，那麼每個人的自主性就足以使虛幻假想的親子關係瓦解。通常來說，這是一個漸進卻漫長的過程，不過若是前父母或是前小孩任一方，或雙方一起積極參與，那就都不會覺得有什麼不滿足。這時，家人間就會處於一種既保持自主獨立也同時互相依賴的狀態。當家人超脫了自己本身在家裡該扮演的角色和原有的常規之後，便可以欣然地重新找回彼此。這樣一來，不僅在面對發展機會或人生難題時，家族都可以一起面對，迎刃而解，人生也頓時變得豐富又自在。

不過的確，理想化與否定（déni）自我的作用，都會導致生活中出現一種天真的觀點，這會是許多情緒上以及人際關係上的痛苦源頭。

純粹的蛹

家庭就像是一個純粹的蛹，對我們而言，生在這個最根本的環境當中，是種比起血緣關係或是團體歸屬感還來得重要許多的經驗。當成蛹的毛毛蟲蛻變成蝴蝶並飛往其他地域時，就成就了牠的天命。而過程中那必然且強大的推力，就是生命的本質——實現自我。而要蛻變成成蟲的過程，根據不同種幼蟲的變態週期長短，蛹期最短一週，最長至八年都有。對人類來說也是一樣：成長為大人的過程之長短因人而異。蛹，是被蝴蝶留在原地的空殼。比照在人身上的話，**家庭與父母的完美形象，也應當在羽化時被拋在後面。在向前大步邁開之前，就只剩一件事必須去領會，那就是，親職任務總有結束的一天。**

第三章

父母的有效任期

為了讓自己的下一代和下下一代能夠在長遠的人生中活出真實的自我，父母必須要以關愛與敬重來對待自己的小孩。

—— 愛麗絲・米勒

羽翼與根源之間[1]

為人父母，是一個有限期的職責任務[2]。有些作者認為這種職責在人生中會有很明顯的轉變。例如，知名義大利心理醫生喬凡尼・阿比內特指出：「父母的角色儘管是緩慢漸進式地在改變，影響卻實則重大。他們過去所掌控、引導以及情緒支持等責任，會隨著時間漸漸變得不重要，而掌握成年人之間連結的關係模式如：合作、分享、對等交流、尊重個人差別及他人隱私等等，會越發重要。」[3]

預期自己為人父母的任務總有結束的一天，是種高尚的行為。這些在家庭裡應該扮演的角色，多多少少會阻礙到自己與家人之間真誠關係的發展。讓自己做好心理準備，直到有一天不再是父母，放下自己的親職任務，亦即結束了血緣上的職責時，就是真正解放的到來。這樣一來，每個人便能從前孩子以及前父母的關係中，找回那些失去的活力與養分。對於未來會成為子女的前父母的你來說，最負責任的態度，應該是要對自己的角色做更深刻的思考，把自己身為父母的責任，在一個事先規劃好的時間內完成，這兩件事是可以帶來生活中很多變化的。對未來會成為父母的前小孩來說，一個自主獨立、成熟的個體發展，會從自己的根源「我從哪裡來」與羽翼「我往哪裡去」兩者之間找到平衡。

那現在就讓我們來探究，在親子關係中，哪一種真實本質裡的角色會到期結束。

永恆親情債

給予，接收再回報

給予、接收以及回報，是在所有的人際關係中不斷發生的，也是在親子關係中最根本、也最值得思考的問題。如「我到底欠了父母什麼？」或「我該回報那些我曾接收到的關照嗎？」等。其實，一個人完整人格與價值的建立，是從跟他人互動的關係中被塑造出來。對孩子而言，個人價值的形成，首先取決於他跟父母的互動關係，而對等、互相尊重，自然是親密關係的雄厚基石。[4]乍看之下，親子之間似乎沒辦法脫離那種債權人與債務人的關係，而且在這種情況下，把孩子視為欠債的一方甚為容易。不過，這是為什麼呢？

家族治療師伊凡．波所漫尼–諾吉（Iván Boszormenyi-Nagy）直接回答：「若是從一種美化父母的觀點來看，每個人的生命，都帶著自我存在的債務包袱。當我們還小的時候，父母之所以會很和善的原因，是為了要取得我們的信任。然而一旦小孩存活下來，他就永遠沒法擺脫這種對父母欠下的親情債。」[5]在每個人的心中，對父母的忠誠，會從生命以及關愛的給予中產生。這樣長達好幾世紀流傳下來的觀念，其實會讓無形的忠誠，箝制住許許多多成年後親子關係的發展：父母很少感受到自己值得小孩的信任；更常見的情況是，前小孩會一直有種到底值不值得受父母關愛的感覺。如此一來，孩子不但無法感到自在，更感到虧欠。在他內心深處會覺得自己是不健全的，並且會想出一些對策，來掩蓋自己那正在吞噬個人價值的強烈羞愧感。如果接收到的關愛是需要償還的，那麼，你會懷疑自己在那個正在向你催討的投資人眼中，到底又是什麼角色？

在這些狀況下，我們很容易察覺到親職被聖潔化的理由，也認為不管小孩幾歲，都應盡忠職守於作為父母的職責。這種種的問題都和佛洛依德理論提及的觀點相吻合：小孩生來就是以自我為中心的個體。因為被一些原始本能（instincts primitifs）以及反社會本能所驅使，小孩都得歸功於父母給予的教育。然而，親子關係完全不是這麼一回事。

我爸是個大騙子 6

二〇一五年香港[①]的一部短片中，一對父女的互動令人震驚又耐人尋味。六歲的女兒從學校被爸爸接回家的路上，給了爸爸一封信。爸爸高興的接過信，在路上

① 應為泰國保險公司 MetLife Asia 之廣告。

讀了起來：

「爸爸是全世界最溫柔的爸爸。」

他雖然內心高興，但同時對女兒露出了一個不解的微笑。

「爸爸是最帥，最聰明、最機靈也是最好的人。爸爸是我的超人！爸爸要我在學校好好學習。爸爸是最棒的，只不過……」

爸爸的臉突然垮了下來，停下了腳步。他那可愛的女孩低著頭，背對著他。他繼續讀信中的內容：

「他說了謊。他聲稱自己有工作，他說謊說他有錢。他說謊，說他自己不累。他說謊，說自己不餓。他說謊，說我們什麼都不缺。他說謊，說他自己很幸福。他說謊的理由，全都是因為我。我愛我的爸爸。」

女孩這時轉向爸爸，但始終低著頭。崩潰的父親，隨即將女兒抱在懷裡，跟她一起哭泣。恰如拍此廣告片的保險公司在片尾的宣傳標語寫道：「孩子的未來，值得所有的付出與努力。」

這部影片非常有說服力。與既有秩序如出一轍，不僅名正言順地讚揚父母犧牲自己的精神，同時展現小孩的童年經驗。對亞斯博．尤爾而言，「我們不應該低估小孩對萬事萬物反思的能力，以及他所擁有的生命深度。父母的身心健康在小朋友的眼中比他們自己的狀態更為重要。小孩打從出生以來就有責任感，會展現極度發達的社會關懷力，也非常願意配合。」[7]影片中的小女孩猜中了那些大人試圖想要對她掩蓋實情的舉動，而對於父親的苦痛感同身受，試圖要減輕家庭系統的沉重負擔。此時，感到抱歉的小孩會想在情緒上減輕父母的痛苦，並且去內化那壓迫著父親的沉重感受，如羞恥心，罪惡感，無力感……等等。其實有很多小孩在和爸媽相處的過程中，都深刻經歷到這一段成人生活的重量。

因為小孩受到自己所生處的環境牽動，會自然地犧牲掉自己的完整性，不去和他給予的和他接收的關愛妥協。尤爾解釋這樣的張力是存在於每個人內心的：「保有自己的完整性，或是對於他人想要的東西給予協助，這兩件事是衝突的，也是一直留在我們生命中兩難的核心問題。一方面來說，為確保我們在適應別人的需求時能夠變成群體的一分子，我們就會去配合那些別人想要或期望完成的事物。另一方面，在進行這樣的適應時，我們會失去自身完整性的一部分，也放棄了那些對我們來說很重要的事物。若要找回平衡點，就必須對我們所處的環境有所意識，更要持續針對這樣的問題進行檢討與調整。」[8]

真誠的交流

在上述的廣告影片呈現了一個觀點，若要重新找回真誠的交流，那麼就得從家庭系統中進行關係重整。

很多時候在面對孩子時，重整的責任僅會落到父母身上；然而孩童往往會成為問題出現時的吹哨者，此時父母就有義務去回應這樣的警訊。

在這個故事裡，小女孩雖然害怕，但隱約感覺自己有對父親吐露心聲的可能，也願意去承受爸爸知道後的反應。或許，她早已知道爸爸會給予溫暖且有共感的回應，在她能夠給予信任的連結下，表達了自我。而父親情緒上所展現的模樣，雖痛苦卻慈祥，使小女孩得以放下那瘦小肩膀上扛著已久的重擔。影片的最後呈現了雀躍的小女孩在爸爸的臂膀裡的畫面。確實，當一段關係有了一次重整之後，就能夠立即有個嶄新的開始，在親子關係中得以暢行無阻。

父母必須對自己的孩子具有同理心、願意提供協助並付出關愛，如此一來，才有可能對親職任務有新的理解。這樣的理解角度會把「永恆的親情債」的感受一筆勾銷，打破既有秩序，也揭露出為人父母無私的大愛——這種時常被拿來傳為佳話的觀念，事實上是需重新討論的。

父母大愛

父母大愛是一種很常見的幻想，使我們誤以為親職就是出自於一種無瑕、無私的愛。在這種幻想中，家長自我犧牲的舉動（就像是影片中的父親那樣）通常是被肯定，也常被視為楷模，更傳為佳話。而我們也通常會把所有自我犧牲奉獻的行為（甚至有時候是很誇張的行為），跟親職中無私大愛犧牲奉獻的精神美德聯想在一起。在我們的心理治療經驗裡，發現到許多功能失常的家庭，比起其他家庭更會去頌揚父母愛和孩子愛。在一段親子關係裡口口聲聲說愛小孩，其實越發會操控他人。而在一個強調犧牲才是大義的環境中，小孩能說不、反對，還有表達自己或是捍衛自己需求的可能性就會變得很低。這樣的行為對孩子而言有其潛在的風險，因為小孩會更自然地去配合演出。

成年以後，父母無私的大愛是變成永恆親情債的基礎。因為前小孩對所有他所接收到的、情感上的或是物質上的給予，自認為有清償的義務。而父母的無私，似乎就證明了所有的舉動言行都是跟愛與良好的教育有關。這樣一來，人們對於一個會對自己的子女或前小孩不懷好意的事實，通常都不會加以懷疑。

心理史學小回顧

美國學者，心理史學發想者洛伊德．狄茂斯（Lloyd deMause）[9]認為，**一個文明的演進，跟對待小孩的方式有相當大的關連性**。對他而言，「歷史上的改變並不是發生在科技方面也不是在經濟方面，而是在人格中創始心靈上（changements[10] psychogénésiatiques）的轉變。這些是世世代代父母跟孩子互動上會發生的轉變。」

作者在分析從古希臘羅馬時期到我們現在社會的親子關係時，歸納了以下三種心理反應：

1. 投射反應（réaction projective）：大人會在孩子身上下意識地投射出自己。因此小孩成了載體，展現這個他盛裝的、屬於大人的內容物。在這樣的情況下，因為他喚醒了成年人心理的衝動，小孩自然被視為壞的、有罪過的人。
2. 逆向反應（réaction rétroversive）：小孩是拿來作為成人情感上的替代品，填補和修補成年人情感上的問題。
3. 同理心反應（réaction empathique）：成年人認可小孩的需求跟特殊性，並且會照著滿足這些特性予以回應。

由於投射反應跟逆向反應的狀況非常普遍，以至於我們不會認為一個大人不當的言行舉止有什麼罪過。因為錯誤都是在小孩身上，必須要糾正他們，父母也不會認為自己有錯。然而，就如我們之前所談及的，小孩會以接收大人身上移轉到他身上的角色的模式，自然地去保護自己的父母。這樣下來，小孩就一直會羞愧地活在錯誤裡。狄茂斯認為，對小孩重複地施予暴力是最有缺陷、且最會危害我們心靈健康發展史的行為。

終結永恆親情債

終結親職是一場革命進行式。這樣的行動會需要親子雙方對彼此之間的關係重新進行評估與調整，好讓雙方都對極為不公平、又會阻礙自我發展的親子忠誠有所反思。「對永恆的親情債永遠保持一種感恩的心，並且認為擁有那麼好的父母是人生中的大幸」[11]這樣的想法對很多人來說，就是一個棘手、自己不知如何是好的問題。

父母之於子女的關係，並不是賦予小孩生命，反而是生命透過小孩自動降臨在父母身上。保有這樣的思維，就能夠避免「小孩就應該感到虧欠」這種錯誤的觀念。

你可以對自己的父母很感激，不過這並不會改變什麼，儘管父母創造像你這樣一個生命，但生命實質的掌管者是你。他們唯一贈與你的東西，就是使你自己存在更美麗的能力。

因此，前小孩對於自己的前父母並沒有與生俱來的虧欠。小孩並不是家長的所有物，而是評估自己要跟父母分享什麼的唯一裁判者。若以喚起自己生命小孩的本質為目標，每個人就能夠把內在的「親情連結」與「自我成長」這樣的雙重經驗較平衡地看待，並加以調和。

親情中的愛

至高無上的情感

阿比內特強調這個顯而易見的證據：「去問問小孩：『對你來說家庭裡面什麼最重要？』，小孩會回答：『大家都相親相愛！』根本不需要更深層的思考或是艱深的心理學研究才想到這樣的答案！相親相愛這件事代表著家人之間有某種程度上的和諧與凝聚，所有人都可以活在彼此也能感受到互相在乎的情感連結。」[12]

矛盾的是，家庭中的愛雖然很常見，卻是種極不被理解的生命經驗。父母通常會依靠在「給予孩子愛」的那種情感上。不過有時這種情感變成一種逐漸慣性的心理狀態。有多少父母會去了解他們對孩子的關愛，真正被接受的程度又有多少？事實上少之又少。這樣的情感會轉變成仁慈、善解人意的傾聽嗎？又或者，以眼神與言詞表達出來嗎？會轉化成實際友愛、支持的舉動嗎？在最根本的狀態下，愛是一種至高無上的情感，而孩子，是這方面的專家。

在我們著作裡常說明：「愛的情緒是童年經驗的核心。當孩子出生到這世界上時，對愛是沒有任何先入為主的概念的。他會動用自己整個身體和精神，去集結許多不可思議的資源，來達到與自己父母連結的溝通。對嬰兒來說，愛這種情緒就如同生命糧食，會伴隨單純的喜悅、深沉的放鬆亦或是親切熱情，而成為影響他身體健康、活力、安樂的一種自然能量。他對愛的需求非常饑渴，因為這種能量能確保他的生命增長與發展。而孩子的愛，其實就是對存在有某種深層的渴望，一種認定自己生命以及感性獨特的化身，由內而外放射能量。[13]

可惜的是，很多人在談及親情之愛時，會習慣性地不把孩童的親情之愛當一回事。然而，孩童的親情愛，卻是整個家庭系統裡最珍貴的。

查理的新發現

在五十五歲的男性——查理的心理治療尾聲，跟我們分享了他個人的新發現：

其實我經歷過跟我的內在小孩相遇已經好幾百次了。再次跟我的童年經歷在我的內心重新連結這件事，一直是種衝擊。我至少能夠以某種方式去分辨什麼是我真正感受過的，以及什麼是我對我自己過去詮釋的。我能夠把我父母的言行，雖然不是所有都是正面的，把它們分類到最正確的地方。這樣的做法徹底地改變了我對於小時候經歷的看法，也幫助我去找到一個我對於整個人生截然不同的觀看角度。這件事讓我確信，我擁有一種很私密的信心（intime conviction），我把它稱之為我「個人的新發現」。我確信，我父母即使不自覺，但能擁有我、跟我生活在一起，對他們來說是一種不可思議的幸運。如果真的是這樣的話，他們應該會改變很多自己的言行。總而言之，把我跟我愛的來源——自己內心小孩連結在一起的時候，我可以更正確地去學習，如何跟自己還有我的親朋好友相處。

沒有錯，小孩是家庭最親愛的中心。這跟覺得「小孩本質就是天使」那般的想法並沒有太大的關係。單純只是小孩能體會，也能清楚地知道在他身體裡愛的情緒的存在。對這種「跟別人分享而產生人際關係、熱情的微小時刻」，小孩是完全能夠體會的。因此，小孩在家庭系統內其實如同「愛的溫度計」[14]這樣的功能存在，因為他是一個可以偵測到愛的出現或是缺席這方面的寶貴專家。如同神經心理學家芭芭拉．佛列德里克森（Barbara Fredrickson）②所說的：「愛是我們至高無上的情感，它的存在或缺席，會影響到我們人生中所有的感受、情緒、思考、言行，甚至是我們想成為的樣子。」[15]

因此，在擔任親職的時候，為了以滋養親子關係為主要目標，讓愛在家庭當中有更好的循環，需要多一點人性，少一點訓誡。然而，父母並不是愛最主要的來源，他比較像是對小孩付出注意力與照顧輔助的來源。在我們三十年的治療經驗中，看過很多案例，當一個成年人在跟他自己的內在小孩和解、攜手同行的時候，面對自己的下一代時，便能成為一個更好的父母。只要能盡可能地減少以教導者的姿態相處的時間，滋養親子關係的行動自然就會增加。多一份溫柔的對話與情感表達，彼

② 佛列德里克森（一九六四～）為美國北卡羅來納大學心理學系教授。為社會心理學家，專長於情緒與正向心理學研究。著有《愛是正能量，不練習，會消失！：愛到底是什麼？為何產生？怎樣練習？如何持續？》（*Love 2.0: How Our Supreme Affect Everthing We Feel, Think, Do, and Become*），蕭瀟譯，二〇一五年由橡實文化出版。

此的需求被認可，一起閱讀、遊戲或是休閒活動、分擔家務……等等，讓親子間增進信心、發展個人價值、促進團結以及更鞏固同盟關係，讓孩子體會到一種活生生、真實地愛的表達。

缺乏愛的現象普及化

根據法國國家統計與經濟研究所（INSEE）在二〇一〇年所做的一份研究顯示：每個父母平均花在小孩身上的時間分為以下幾種：肢體照護、接送、建立社交能力（經營人際關係）以及課業關注。[16]研究結果發現，女性與自己小孩相處的時間比男性來得來多。以建立社交能力而言，平均來說，小孩一天會花十三分鐘和母親相處，卻只花十一分鐘跟父親交流。報告裡也指出，在二〇一四年時，四到十歲的小孩，平均每天在電視機前的時間為兩個小時又十八分鐘。

如今，因為螢幕的發達（手機、平板、電腦……），加上小孩使用電子產品的年齡有下降的趨勢，親子之間已經無法以那少之又少的相處交流時間，去建立一個豐富、有品質的親情了，這是一種令人擔憂的現象。

家族治療師尤爾，為了要讓父母評量自己跟小孩的溝通狀況，他給了二十五對父母一個測驗。[17]根據這份研究，這些父母覺得自己和小孩的交流溝通，有百分之五十並沒有和他們的真實情感相符，也不是很有效；另外，他們覺得說出來的話，有百分之二十根本是沒有經過大腦思考就說出的。巧合的是，這些不恰當的話語，與他們的父母過去對他們碎念、耳提面命的話一樣。最後，只有百分之十八的話語，是他們真正想表達和彼此滿意的溝通。

這份研究觀察結果讓我們更能知道，為什麼某些小孩能夠很容易就學會如何「活在自己的世界」，並發展出敷衍父母的一套方法。尤爾表示：「小孩會對傾聽自己的能力信心全失，其實這樣對他們的生理健康狀態並沒有好處，反而會阻礙小孩發展自信心，抑制他們發展同理心和其他人互相依存的能力。這樣下來，不僅會減損他們的心理社會層面的學習能力和抗壓的免疫力，同時也會增加他們發展出成癮或是變成受害者之高風險群。」[18]

與其把小孩看成是大人的附屬品，不如去認可小孩擁有創造關愛這份專長。事實上這跟家庭的健全程度有很大的關係，所以父母應當在此成為學習者。若父母能夠把孩子看作是一個化身成教導愛的導師，讓他用原本的模樣活出自我，或許就是擺脫過去那種有缺失的親職關係模式的最佳方法。

失職的親職

當父母阻礙自己的小孩在人生的前幾年任意自在地玩耍，不讓他成為自己人生的玩家，便是偷走了小孩的童年。這樣的父母是無法勝任親職的。許多看似重要的義務，有時候也不是那麼緊急，失職的父母卻會叫子女去擔起根本就不是那個年齡該負的責任，例如做家事，照顧兄弟姊妹……等。當然，父母可以提議幼孩和他一起參與家中的生活模式，因為小孩樂於感受到自己的重要性，也很願意跟父母有緊密的合作關係。成長過程中，孩子自然而然就有想要自己完成任務的欲望。

讓孩子參與家庭生活的前提，只有一個鐵則必須去遵守，那就是不能，也不該物化小孩。如果他被當作物品或工具利用，雖然他可能會服從，但他一定覺察得到。這樣不僅會鬆開親子間的連結，也會減少對彼此的信心，甚至抹滅了雙方關係裡需要傳遞的愛意。如今，以心理學的角度來看，權威的父母對子女是更有害的。**很多父母開始運用好感或是讚美的方式，去操控子女只能順著他的意願做事。但是這樣的好感和讚美，會成為一種侵犯孩童心理界線的糟糕手段**。[19]這樣的操控，只會任由誤以為親子關係良好的假象增長，進而產生有害無益的感受，例如自卑、被拋棄、無力感，甚至會發展出一種對長輩長期病態的依附關係。於是，每個父母都應該好好問問自己，他對待子女的態度背後真正的目的為何。

學著說不，獨立自主的徵兆

心理治療師、耶穌會教士安東尼・德・梅洛（Anthony de Mello）提醒我們：「向其他人說不，是件美好的事，也是覺醒的一部分，能活出自己想要的生活。我們要瞭解，其實這種態度並不自私。要別人過自己想要的生活才叫做自私，才是利己主義。沒有任何事情比這種態度更自私的了。利己主義在於指使他人根據你的品味、利益、自尊或樂趣來活，是一種真真切切自私自利的行為。這樣一來，大家就會想：我會保護我自己，沒有必要跟你們在一起，也沒有必要答應你們任何事情。如果我覺得你的陪伴讓我感覺良好，我不會放真心去在乎你是誰，只管我自己盡情利用這段陪伴就好。」[20]

賦予孩子生命並養育他，是很多父母生活的動力與目標。不過，這些與小孩的需求或特性沒有任何相關。夫妻伴侶間想要小孩的許多理由都是出於自私，是個不爭的事實。一個能夠意識到這種事實的父母，是會樂見小孩對他們提出反對與質疑的。因此，若我們做為父母的人都能夠開始對這種狀況有所意識的話，那麼，世界上一個有意識的父母總是會勝過兩個無反省能力的父母的。

小孩不僅理解自己有說「不」的能力，也等於對他自己有說「是」的能力，明訂自己的界限，清楚明確地認知到滿足自己需求的重要性，即是理解這個「不」是為捍衛自己的價值而說的。這樣的作法會加速孩子走向獨立自主、給予他人更多關愛，以及建立個人價值。**許多研究都證明，向權威家長反抗，和健全的心理獨立自主有關。**[21] **小孩的「不」，會成為父母重新審視自己對小孩有所期待的心態，並反思自己言行的正當性**。在這樣的情況下，親子關係就會成為整個家庭進步和演變的泉源，時時刻刻都在提醒著父母持續培養、維護孩子的自主性。這樣的前父母，就會意識到父母的角色並不是只有為自己的孩子而存在，更不需要指望孩子回饋，或有「養兒防老」的概念。

選擇，成熟的象徵

孩子不應該只是服從命令，而是需要自己去做決定。因此，在他們為自己的行為負責任的過程中，也會逐漸成熟。我們可以根據薩提爾的說法，「他能夠以明確的觀點，在與他人共存的時空背景下，展現自己有所選擇的能力，並去承擔後果。」[22] 用這樣的標準，來認定一個個體的成熟與否。

自我承擔不只意味著獨立自主，更是建立成熟關係的關鍵。而在成熟的關係裡，每個人都會尊重自己個體的完整性。所以一個前小孩／前父母能夠衡量並決定，什麼時候他跟他的前小孩／前父母的關係已經不再合適。當愛的情感在親子關係中已經充分存在後，便能各自顧及到自己的成熟態度，進而對關係做些必要的改變。如摩尼・愛卡因姆（Mony Elkaïm）所說的：「問題並不在於需要爭辯誰有理、誰不講道理，重點是要知道，如何從彼此的關係中，自認為是受到不對等對待的受害者那樣的想法中抽離出來。」[23]

獨立自主與成熟的態度可以促進關係調整，並且將所有不安與害怕，從中清掃出來。

終結害怕不安

心理學裡的依附關係理論，對於童年中對父母的情感連結，以及成年後與他人的連結做出以下歸納：在愛裡面，原生家庭各面向的探討或是親子關係的探討，都有顯著的焦慮成分存在。[24]因此心理學家布萊茲・皮耶爾洪堡（Blaise Pierrehumbert）證實：「不管是在愛戀或親子的依附關係中，都呈現一種安全感的基本型態，若過於鼓勵開放，可能造成關係封閉和導致依賴。」[25]依附關係的第一個階段，大約是在孩童出生後的十八個月中發生。這時強褓中的嬰兒得完完全全地依賴一位可靠的、有空、有心思的父母。為了瞭解親子間的依附關係，我們從幾年前就開始在治療課程中，提供一個可以釐清成年後跟自己父母關係的測驗。[26]現在就讓我們來自我評估一下。（請見下一頁「自我評量表」）

若你回答以下的問題時有一個或多個「是」，那麼你跟父母之間的親子關係可能就有部分面向需要重新調整。這表示你們之間的親情充滿了焦慮，而這種不安與害怕，透露出你們之間仍停留在階級式、不對稱的關係裡。

大部分的人做完這個小測驗之後，會開始對自己在前親子關係的自主性與成熟度產生意識反思。不過，這需要更堅定地去確認和肯定。唯有在親職責任放下之後，如此的獨立性才能建立起來。

把愛的情感重新放回親子關係的中心，像是時時刻刻地關切、分享以及顧慮到彼此身心靈狀態，就是宣告父母親職任務結束的時候。這時，前父母與前小孩在親子關係中會重新找回彼此，再也沒有不安害怕。把關係裡的自主性與成熟態度建立在愛的情感和尊重之上，也是件非常重要的事。因此，**愛既不是一種義務，也不是一種應盡本分，更不會是一種買賣**。這種至高無上的情感，就是對抗不安、害怕最好的力量，也會使親子關係狀態真實地顯現出來。

自我評量表一與父母相處關係的感受

在下列表格中，描述你跟父母（父親、母親或者雙親）相處關係中的一些感受，請在框格中的「是」與「否」打勾。

	是	否
我怕我父母會大聲說話或是開始生氣。		
我怕我自己會對父母生氣。		
我怕當我要跟他說重要的事時他不想聽。		
我怕會失去他對我的關愛。		
我怕跟我父母意見不合。		
我怕我會開始跟我父母賭氣。		
我怕我無法像我父母一樣對人生有企圖心。		
我怕會讓我父母失望。		
我害怕說不。		
我害怕毀掉我父母的人生。		
我怕說了一些關於我的事以後被父母拒絕。		
我怕會被逼迫去做父母命令我去做的事。		
我怕父母不喜歡我的另一半。		
我怕會得知家中藏有不能說的祕密。		
我很怕會不小心洩漏父母跟我說過的祕密。		
我怕我沒辦法照父母的意見行動。		
我怕我傷害到父母。		

鬆開的羈絆

脆弱的橋樑

有太多的父母，誤以為和孩子間的親情羈絆是永存不朽的。親情，一直以來都錯誤地與血緣關係牽扯在一起。我們常錯把親情羈絆、父母無私的大愛這種幻想，當成是父母對孩子的好。但對孩子來說，這很明顯是對他不利的，也是一種不對稱的關係。許多親情的表現都忽略了一個事實，那就是親情羈絆其實是一種脆弱的連結，無法承載所有的重量，並且隨時可能鬆開。有時，再怎麼補救仍事與願違。很多前小孩都深信他與父母的連結是永遠不會動搖的。這些念頭會讓人寧願去僵持在痛苦的關係中而不去做調整，也不做對兩邊都有益的轉變，進而對雙方都導致負面的影響。如此下去，親情關係只會繼續弱化，更有完全斷裂的風險。

而親情羈絆的脆弱性，取決於幼年時那個敏感、脆弱本質的「我」；很多成人無法察覺，自己不當的言行在小孩身上的影響程度有多大。奇怪的是：「儘管受到養育者的虐待，小孩還是會義無反顧地對他展現忠誠。受虐的恐懼害怕增強了依附需求，出自於不安害怕而表現出來的忠誠，只祈求能帶來臣服之後的寬容與安慰。」[27]倘若小孩越感到痛苦，就越在意那個使他受傷的事物。

正因為小孩沒有選擇自己父母的權利，只能咬緊牙關確保自己可以在家族中生存下來。當父母扮演著權威的角色時，對孩子來說，就很難客觀地對他正在遭受的事情提出質疑，成年之後就更難說出心裡的感受。孩子很擅長運用他所有的精力去隱藏自己身體的感受，並對此堅守沉默。而成人方面，也會盡力、刻意去否認那些他的身體不曾忘記的感受與經歷，與自己最真實的自我產生衝突，好讓自己忽略自身的真實感受。這些，通通都是我們生命中傷痛的來源。

成年後，與父母之間的親子關係會出現問題的部分，經常是來自於殘缺以及不斷地受到利用、虐待的過往羈絆。除了透過自己再現過往的經歷之外，能夠說出並揭露那些童年時期所受到印象深刻的不當言行是非常必要的行動。然而我們不可能僅憑內在小孩的名義，就能無端地以不帶任何悔恨的方式從童年經驗裡完全自癒。所有的治療過程中，都需要努力去釐清什麼是真實的、什麼是過往身體創傷的重現。已經有一段時間，部分治療師會隱晦地合理化這種社會集體否認的童年創傷，而把所謂的「隱疾」[28]掩蓋起來。

童年創傷經驗

受到一項來自美國研究的啟發，我們在課程裡會讓學生做一項「來自童年的負面經驗，對成年後身心靈健康及生活品質影響」有關的測驗。[29] 測驗如下：

練習2：童年時期與父母的關係

回答下列問題：表格中一系列問題，可能在描述你人生的前十八年曾經經歷過的感受。請在「是」或「否」中打勾。

	問題	是	否
1	請問家中長輩以前是否經常（或很常）大吼、咒罵、羞辱、用言語貶低你？或是做任何動作讓你害怕自己肢體會受到傷害？	□	□
2	請問是否有父母或其他大人經常（或很常）推你、抓你，對你丟東西或是賞你巴掌？或是把你打到身上出現痕跡或傷痕？或者是非常暴力地打你，打到你害怕會死掉？	□	□
3	請問是否家中有大人或比你年長五歲以上的兄姊曾經用肢體觸摸你、撫摸你或是叫你摸他的身體？甚至嘗試（或成功）和你發生性關係（從口部、陰部或肛門）？	□	□

4

你是否常常覺得以前家裡沒有人愛你或是覺得你不特別、不重要？

是 □　否 □

5

你是否常常覺得以前自己沒有吃飽過的經驗，或是沒有乾淨的衣服穿，或是沒有人可以保護你？又或者你的父母親酩酊大醉、嗑藥到不醒人事，或是太憂鬱到無法回應你基本的需要以及被照顧的需求（吃飯、洗澡、穿衣服、看醫生）？

是 □　否 □

6

你的父母是否已經分居或離婚，而讓你覺得自己被拋棄、被操控或是被當成工具？或者你曾感覺到必須要自己去做抉擇，或是放棄和其中一個父母的親子關係？

是 □　否 □

7

請問你的媽媽（或繼母）、你的爸爸（或繼父）是否曾經常常（或很常）被推、被抓或是被賞巴掌？或是，偶爾、經常（或很常）會被丟東西、被咬、被踢或是被器物、拳頭打？或是甚至好幾次都被危險物品威脅、打傷？

是 □　否 □

8

是否曾有與酒精成癮或藥物成癮的人生活在一起？

是 □　否 □

9

請問家中是否曾有親戚患有憂鬱症或是精神疾病？或是曾經嘗試自殺？

是 □　否 □

10 請問家裡的成員是否有坐過牢或是被判刑的？

是 □ 否 □

11 請問你是否經常（或很常）被其他小孩欺負：被打，受到羞辱、咒罵、貶低或是騷擾，而無法自我防衛或是受到援助？

是 □ 否 □

只要測驗裡出現一個「是」的回答，就表示你在童年時，曾遭遇過影響你人生的創傷經驗。若分數越高，成年後有意識錯亂的機率就會越高。美國這項研究結果顯示，童年是否曾暴露在受虐或家庭功能失常的環境中，與成年後的身心靈病症有著密切的關係，如：吸毒、酗酒、嚴重肥胖、憂鬱症、自殺傾向、心血管疾病、癌症、慢性肺炎、骨折或是肝病等。[30]

近幾年研究已經證實，幼年時期的創傷經驗，會在個人發展過程中造成嚴重的疾病或精神上的錯亂。我們的大腦會被兒時經驗或是被虐經驗所深鑿而定形，「為的是讓自己能夠承受更多生命的重量，但實質上換來的卻是更沉痛的傷痕」[3]這些被父母忽略或是虐待所遺留下來的後遺症其實相當複雜，和小孩的脆弱和極為敏感的那一面有非常密切的關係。

即使我們小時候沒有受過精神創傷，或是我們在成長過程中也沒有遇到什麼障礙，這些資訊對於我們的童年經驗仍是很好的檢驗標準。在面對真實或潛在威脅以及重複地緊張、焦慮的狀況下，可能就會有損害幼童的情緒表達、認知以及社交能力的負面影響。

父母最主要的責任，是陪伴自己的小孩在一個健康、安全、可預期的環境中成長。從我們這節的討論結果看下來，這樣理想卻在現實中仍遙不可及。

一個可逆並成功重整關係的實例

四十二歲的梅蘭妮（Mélanie）的經驗，就是一個成功逆轉關係和希望泉源的實際案例。

在我女兒四到八歲時，我很常給她壓力，叫她動作快、注意自己的物品還有吃飯要好好吃。我一直在她背後不停地催促，並且很快就失去耐性。接下來很容易伴

③ 此為精神病學教授，Martin Teicher 博士的評論。見范德寇《身體的傷，心靈會記得》，中文版，劉思潔譯，大家出版，二〇一七。*Van der Kolk B., Le corps n'oublie rien, op. cit., p. 209.*

隨著向她大呼小叫、咒罵或是狠抓的舉動出現。有時，甚至會因為憤怒而大大地賞她一巴掌。每天早上要準備出門上學的時間就成了人間煉獄。我還記得有一次因為女兒動作太慢，我發了飆，朝牆上打了一拳，竟打出了一個洞。當下她用充滿恐懼的眼神盯著我，而我先生嚇得叫我要停下來，跟我說我太超過了。我對自己虐待女兒的行為心知肚明，但我就是無法控制我自己。即使我下定決心想要改變自己的態度，仍沒有成功改善。我只能懷著滿滿的愧疚感和羞恥心。但這些火爆過後的愧疚卻什麼問題也解決不了，反而更令我容易發怒，也更放任我展露出惡的一面。

梅蘭妮意識到了家庭關係的苦痛之後，便開始求助於心理治療。對於一個習慣掌控一切的一家之母來說，並不是件容易的事。

我因此決定要以我的內在小孩走入心理治療。在內心我遇到的是一個在童年時多次受到傷害的小女生：三到六歲的時候被父親威權教育嚴格地對待；八歲時，被患有憂鬱症的媽媽拋棄。之後，成為一個毫無能力又被父母看扁的青少女。我從未感覺到我曾經如此地受傷害。因為小時候只知道要以符合父母期待的方式成長。但我始終無法澆熄我心中的那股憤怒，任憑積累成一股深層的憂傷，轉變成以前我從未流過的淚水，以及抱怨我從未被聽到、理解的那樣不安與恐懼的心聲。如今，療程結束之後，所有跟我女兒衝突的情況就完全化解消失了。儘管我還是會感到一絲不悅，或是氣我自己不夠平靜、不夠有耐心地說出我想要表達的情緒。然而，口語或肢體的暴力爆發的現象已經不再出現。現在，當氣氛變得緊張時，我會把我拉回到自己的感受上，試著向我內在的小女孩說說話、安撫她。

梅蘭妮在治療過程中，花了許多精力與時間去顧慮到她內在小梅蘭妮的需求，而成了她人生中一個莫大的轉變時機：

現在，我在公司裡換到一個比較沒有壓力的職位，也讓自己的睡眠時間拉長，有更多時間做運動以及按摩。不知不覺中，我和自己的關係昇華到另一種境界了。同時，我也感受到自己跟女兒的關係是越來越親密。現在，我會跟她一塊舉辦一些儀式，像是每週日的家庭式擁抱，陪她出去玩或是看書，明顯感受到我們之間的默契。當女兒跟我用過去式提到她那「以前很嚴格的媽媽」時，我會感到欣慰。因為這一切對我來說，變成是一個能夠去反省過去很好的機會，也可以告訴她，我們以前那樣的生活有多不正常。某種程度上，這就是慶祝我們找回對彼此的愛的一個契機。而身邊我所有的人也因為我做了心理治療而得到了正向的影響。在我看來，這個世界似乎變得更安詳、更有安全感也更快樂了。

梅蘭妮的勇氣讓我們看見，親子關係中不恰當的言行是可以逆轉的。目前光是靠父母正向的教育原則或是和善的態度已經顯得不太足夠，重整親子關係更是每個父母的責任。

但儘管發展一種健全正向的親職責任是種可圈可點的表現，有時候卻可能會淪為一種關係中的陷阱。因為如果我們一味地強調正向教育原則，那麼很有可能讓父母看似無私大愛的無害概念，和遵守既有秩序的舊有觀念，都默默地藏在所有行動的背後，這樣一來，不但洗白了父母的初衷，也原封不動地將「都是為了孩子好」的虛偽善意完整還原，一切都將前功盡棄。

一個有親子關係意識來養育孩子的父母，會對發生親子關係的斷絕、異化孩子的可能性有所警覺。有意識的撫養，也比較容易去注意到人際關係脆弱的本質。相反地，把自己傷口遮掩起來的父母，是無法真正回應到他們小孩某些基本需求的，甚至有可能讓諸多形式的暴力持續發生在生活中。如果故意讓自己忘記此種現實，親子關係弱化的風險其實非常大。因此，若父母正視自己內在小孩受傷的事實，那麼就有很大的機會去重啟逆轉與重整自己的資源，來避免親子關係鬆動與弱化。

對全人類來說，**維持與他人關係的品質是生命最根本的生存關鍵**。**誠摯的、信任的、信賴的、鼓舞人心的人際關係會強化自己活著的存在感**。一段健全的關係是可以讓大家暢所欲言，表達自己的情緒、感情、需求還有想法，也對每個人自身完整性的發展會有所尊重。身為一個有親子關係意識的父母會清楚知道當父母的有效任期。他會明確知道自己的定位在哪裡，以尊重小孩的自由來陪伴孩子。在瞭解自己的任務終將有結束的一天時，父母會變得非常謹慎，不會隨意為自己表現得好就洋洋得意。他會開始傾聽自己也傾聽小孩的心聲、向自己提問也會關心小孩；他會將自己和小孩的關係看成是新鮮的，讓小孩給自己驚喜。也會靜靜地在一旁觀察，鼓勵小孩去發掘自我、肯定自己，並以最好的方式去接納他。一個有意識的家長，也會知道自己是有限的。他會說出自己的極限到哪裡，而不隨意將不當的期待加諸於小孩身上。

孩子其實並不需要完美的父母，但每個孩子都需要一個真誠的父母，一個會承認自己的錯誤並勇於自我改變的父母。

親情，是種充滿活力、令人精神抖擻的能量，不能化約成簡單的教養問題，否則親子之間就會失去彈性，進而崩解。

斷絕親子關係，家庭功能失常的徵兆

四十五歲的貝雅翠絲（Béatrice）經常在生活中的不同領域裡感到無能為力。她感覺這種無力感和幼年原生家庭的經驗相似：

我是家中父母和三個哥哥眼中最小的老么，我說的話並沒什麼分量。一直以來都以為問題出在我身上。不過自從開始心理治療之後，我開始意識到我的家庭對我來說根本就是個牢籠。我媽媽從前就會要求我做人要和善，要我不亂說話。而我爸，到現在都令我敬畏三分，因為在我小的時候他常常發脾氣，還會威脅我。所以至今我仍是對他百依百順。我也常覺得，我是被夾在他們這對不快樂的配偶中間的人質，而我的功能就只是為了能夠維持他們之間的感情，讓他們繼續在一起。

飽受這些家庭規範和么女角色定位束縛的貝雅翠絲，決定向她的父母全盤托出她在家中那些不自在的煩惱。

我跟他們坦承之前就已經知道，家裡是不准我表達自己的感受的。但是我已經不能再這樣下去了。我希望自己在家裡被當成大人對待，讓我內心的真實需求受到認可，進而解放我自己。我對我的父母並沒有任何期望，也沒有事先預想他們的反應。所以我就先跟我媽坦承，再來跟我爸。結果他們的反應非常地激烈。儘管我很平穩冷靜地跟他們坦白，告訴他們，就因為不曾擁有過一個和家人較平衡的關係，一直以來都感到痛苦。結果，他們兩人狠狠地將我拒於千里之外，好像我是大逆不道，十惡不赦的人一樣，還一起把我趕出家門。

被斷絕關係之後，貝雅翠絲其實反倒鬆了一口氣。她重新找到了能夠表達自我的空間，也更能在生活中實踐自我。只不過，幾個月過去了，她的女兒開始向她抱怨，因為再也見不到外公外婆、叔叔、阿姨還有表兄弟姐妹這些親戚，讓她很難過。

一開始，我並沒有馬上意會到女兒的意思。之後她才跟我說，我父母在社群網站上大肆地昭告天下是我要斷絕關係，讓別人以為我阻止我的小孩跟我的家庭有任何的牽連。在那一刻，我感覺自己活像個代罪羔羊，彷彿有某種隱形的力量想要繼續把我困住。不過，也因為我，其他的家人間的聯繫反而更緊密了起來。像是我父母突然團結了起來，我的哥哥們彼此之間也變得更親近。我意識到，他們想要跟我切斷關係這樣的舉動似乎正合他們的意。在他們眼裡，我成了那個不合群的壞小鴨，而家裡正好成了他們彼此愛與同謀關係的所在。從那時候開始，我便積極地去和我哥哥們釐清狀況，也在放假的時候在我家接待他們的小孩。同時，也請他們各自承擔起自己的責任。我也下定決心，從今以後只去跟那些想要真正互相培養感情的人相處。至今，我在我的人生中感到更自由也更快樂了。

和自己的父母（或小孩）完全斷絕關係不盡然是種好的解決辦法，除非像我們之後會講到的少數案例。愛卡因姆解釋道：「最好的人際關係中所實踐的區分方式，就是和與我們不同的人建立同盟關係。」[31] 自主選擇、去找尋一段更成熟完整的成人之間的關係，不需要將真實的感受噤聲；然而找尋真實的關係，對很多家庭系統來說是很大的挑戰。緊張衝突與失衡的狀態，都會導致親子關係的斷絕。而這樣的斷絕，更意味著新的資訊無法進去，也無法去質疑那些既有的秩序，將一切系統性地拒絕在外，失能的家庭系統也因此再次封閉。

當然，家庭裡的溝通是一門複雜的學問。家族治療師薩提爾提醒我們，人性本來就有想看、想聽、想感受，以及在團體中自在地批評的經歷。薩提爾也強調，溝通者與被溝通者之間能夠保持一種可滲透的界線是必要的，而真誠的交流更是重要。[32]

正視人際關係的脆弱，即是把人性重新定位在所有關係的中心點。溝通是一種人與人之間的能量交換，而不是一種角力對抗。因此，斷絕關係會造成許多認知上的功能紊亂或質疑。通常前父母也會對自己親職任期的結束感到難以接受，至於對前小孩來說，要放棄自己小孩的功能角色亦是如此。

關於父母的迷思

我們可能曾經問過自己：我是否僅僅是被我的童年經驗、過去或現在和我父母之間的關係所定義的一個產物？當然不是！你是否曾聽過有個小精靈的聲音在你耳邊對你輕聲說：「你跟你家族裡的人完全不一樣，你是與眾不同的。」[33]這樣的聲音？如果有，那麼其實這個聲音就是來自你的內在小孩，他從來就不是你父母的附屬品，而在未來，也不會是你父母的。黎巴嫩詩人卡里・紀伯倫（Khalil Gibran）④就曾貼切地說出：

④ 紀伯倫（一八八三～一九三一），黎巴嫩詩人。代表作有：〈淚與笑〉〈先知〉。

你的孩子不是你的孩子。
他們是「生命」的子女，是生命自身的渴望。
他們經你而生，但非出自於你，
他們雖然和你在一起，卻不屬於你。[34]

美國心理學家詹姆斯•希爾曼（James Hillman）認為：「當代文明助長了一種刻板的想法，認定了孩子的未來是取決於父母的行為舉止。……而這種想法會使我們認定一個獨立個體的靈魂，就像是家族樹的一株嫩芽。若我們可以脫離他們心靈預設立場的狀態，那麼便也可以逃離家族的核心，逃離一種像是心理上的寄生物的掌控。」[35]他進一步說明：「父母常抱有一種固有的想法，一種上對下、大對小、長對幼，有經驗跟沒經驗的對比，這種單向因果關係的親情。」[36]

這樣的迷思，導致我們認為父母就是孩子未來所有幸與不幸的來源，也會迫使存在的個體去依附在他僅有的親子關係上，並去否認除了親子以外的其他基本人際關係對孩子的實質影響。事實上，並沒有所謂的命中注定、單一的決定論。你的父母並不需要為你的幸與不幸負責任。他們只能對他們自己的言行負責，就跟你是成年人也有必須負的責任一樣。對於父母這個角色的迷思與執著，會繼續將父母的角色與職責當成是一種一生都不可變動的狀態。不過換個角度想，有期限的親職任期，絕對是對於前父母和前小孩的蛻變能力有正面的影響。那麼現在，是時候讓你從那些把你綁在過去、有害的人際關係以及觀念中解放出來了。

從過往的依附關係中解脫

在這裡，你可以拿著你父親或母親近期的照片來做這個測驗。（這個測驗也適用於父母親已經過世的情況）。若一次以單一個父母來測驗，效果尤佳。在勾選答案之前，也可以大聲唸出以下的句子。

測驗：判定從過往依附關係解脫

下列有八個肯定句，若你大致上同意句子的內容，只需要在「是」的框格中打勾。若非，則勾選「否」。

1 我可以擺脫我「小時候如果能夠有另一個父母就好了」的想法。 是□ 否□

2

我可以擺脫我「想要從父母得到在我小時候對我欠缺的那部分」的想法。

是 □ 否 □

3

我可以擺脫「父母總有一天會改變的」這種幻想。

是 □ 否 □

4

我可以擺脫「父母可以療癒我的內心小孩，還會修復那個受傷的我」這樣的幻想。

是 □ 否 □

5

我可以擺脫「我父母或家人是我唯一真愛的來源」這樣的想法。

是 □ 否 □

6

我可以擺脫「我父母還是家長」的想法。既然我已經是成年人了，生活中我再也不需要一個外在的父母角色。他／她的陪伴功能已經告一段落，現在已經成為我的前父母了。

是 □ 否 □

7

我可以擺脫「我擁有一個快樂童年」的想法。我的童年是有起有落的。我小時候會有的苦痛是合情合理的。

是 □ 否 □

8

我可以擺脫「我對我受到的照顧與關愛是有所虧欠的」這樣的想法。

是 □ 否 □

對很多人來說，真的很難對上述大部分的句子毫不猶豫地肯定回答，這再正常不過了。我們不可能一夕之間就把對於父母的迷思像是拆下不美觀的包裝然後丟掉一樣，它就像我們生命的第二層本質，其影響的層面極其廣泛，包括我們很多的信念，以及在我們父母面前一直表現得像小孩一樣的種種言行。這也是為什麼，如果我們可以做到抱持著不盲從或是「後形式化」的態度，捨棄「永遠欠父母人情」的那種調性，那麼便能更客觀地超越自己故事的主調。

你其實並不是你人生中所有經歷過的事物的結果，而是你對自己、他人還有世界所信所想的結論。這些從童年時期就被建構起來的觀念，會令你將人生故事的另一個版本給遺忘。在那個版本的你，是自由、有天分的，心中也充滿了愛。若能終結親職，那麼將自己生平敘述的話語權奪回來的機會就更大。與其屈服於那些守舊的家庭與社會規範，不如用真誠同理這些普世價值來處世，我們可以和藹可親，可以憤怒，也可以不服從。而親職越是被賦予神祕力量，個體就越難去辨認家庭以外的社交圈對自己生命有著怎麼樣的貢獻、又會持續貢獻什麼。

「這種悲慘的親子關係，誠如我們之前一直半信半疑的生態浩劫一樣，如今卻已經發生在我們眼前。而這種親子災難，正是將我們與世隔絕，迫使我們緊抓著對於父母的迷思不放，並試圖使我們相信欠家庭的比欠這個世界的還要多更多。因此，父母迷思不僅有損自我意識也正在摧毀世界。只要這種迷思還存在的一天，任何再好的意圖都是白費力氣。……因此，這需要我們在心理上事先做轉變，準備好了後便能邁開大步，放下家庭溫暖的巢，擁抱這個世界。」[37]

希爾曼的提醒再貼切不過了。一段前父母跟前小孩的健全關係是有可能存在的，而它就位在門的另一邊。每個人都握有那把可以開啟這扇門的鑰匙，也有能力終結所有對於全能父母以及有害父母的迷思，在人生開啟新的篇章時，擺脫在父母面前永恆小孩的身分，並重新找回自己人生的掌控權。

第二部分

To be or not to be…
父母眼中的永遠小孩

第四章

過不去的過往

我們之所以被自己的過往困住、動彈不得，是因為我們持續將自我催眠、恍惚的狀態一再召喚出來，好讓我們麻木，不再感受到童年的創傷或苦痛。不過，這些催眠狀態所產生的損害，會在成年後形成一種遲來的悲傷，以我們稱為「成年小孩症候群」的症狀形式表現出來。

—— 約翰．布雷蕭

永遠的順應型小孩

被催眠的成年人

成年以後，任何一種能夠察覺到的親子關係失調，都是來自於同一個根本原因，那就是：面對自己的父母時，成人永遠被當成小孩。在這種相處模式中，許多人瞭解到自己的一些特定言行，始終無法在親子關係中表現出來，也無助於成人與成人之間對等關係的經營。

其實，在每個人的心靈中都住著一個陰鬱的小孩。這是一種被往事封存住的狀態，並催眠成人使他無法在當下好好地去看待自己過往的經歷。一個永遠的成年小孩因為被過往經歷所束縛，不能好好地體會當下的生活，而一直回想過去的人生、一種過不去的過往，時不時浮現。在親子關係歷程裡，充斥著許許多多壓抑的情緒，也累積了許多沒有機會消化處理的過往情境。我們把這種現象稱作「內在小孩自我催眠狀態」（transes infantiles）。①

美國精神科醫師貝塞爾・范德寇（Bessel van der Kolk）強調：「每個生命都有

---

① Transe 又譯作恍惚、失神。

自己的難處。不過我們可以確信的是，若要成為堅定、獨立的成年人，就必須要有一對穩定的父母從旁大力協助。一對會欣賞你的本質、肯定你的探索與新發現的父母；會好好地照顧你、好好讓你和別人相處的父母。」[1]因此，「順應型小孩」的存在，取決於原生親子關係的好壞。如果親子間的關係是很有啟發性的，那麼成年後自然會找到一些讓自己自在地自立更生的養分，也會跟自己的前父母彼此擁有獨立且成熟的關係。相對的，到成年時，若自己跟父母的關係仍時常發生問題，親子之間便仍然處於一種徹底不對稱的關係裡。

讓我們來重溫一下，先前談到的前父母／前小孩之間複雜情結的親子關係。內在順應小孩的人際關係問題可能涉及到父母的其中一位，或是雙親；出現的頻率則可能頻繁或間歇。爭吵可能會擴大此效應，也可能只會在某些特定時期或是固定時空背景才會出現。雖然我們還無法立即重新調整親情關係，不過我們可以優先注意到的是間歇週期的休止期。那麼，我們到底要如何判斷自己跟父母的關係是否失常呢？

明顯症狀

「長時間存在」和「情緒強度大」是在面對親子關係時，身心被過往絆住的兩種特徵。當我們在關係中遇到難題時，就得先仔細觀察，身體是否正透露出一些警訊。許多人會自動忽略自己的真實感受，並強迫自己付出代價去和他人進行互動。他們會和自身的內心有所衝突，自欺地說服自己行動的初衷都是合理的，像是「他們不管怎麼樣，仍是我的父母／兒女呀」，就是其中一種常見的說詞。在親子關係裡若有這樣的狀況，可能就有許多說不出口的苦衷。每個大人內心那個順應的小孩，或許都在期待，總有一天，他能變成另一個不一樣的自己。

我們常會有「他／她總有一天會改變，會明白的……」這種妄想著奇蹟發生的想法。不過我們在這裡要問，為什麼我們會期望親情關係會有奇蹟式的改變呢？假如你搭上一班從巴黎開往馬賽的火車，終點站一定是馬賽，火車不會錯開到其他城市去。因此，因功能、規則以及彆扭的互動所形成一段不流動的關係裡，只會一再地上演同樣的情節，無法有任何改變及創新的可能。

不過，生命中的意外（生老病死），時常是將人生重新洗牌的契機。然而縱使一種平和的新關係會逐漸穩固下來，卻不一定和諧。**有些永遠小孩，從幼年到成年都隱忍著父母的淫威，卻在往後成為在精神上折磨自己年邁父母的劊子手**。這種以語言和精神暴力的報復實在太常見了。然而，精神痛苦以及害怕惶恐只會轉移到另一端，把能夠解決紛爭的可能性，完全排除在外。

成長，即是憑著對自己父母（或孩子）的身心訊號進行分析，進而消彌自己面對父母（或孩子）時的那份不安與害怕。像是愧疚感、匱乏空虛，或是心理依附狀態，這些都是前親子關係明顯失常的訊號。

惡性愧疚感

健康良性的愧疚感會啟動一種良善的意識導向，反省自己犯過的錯並重新學習，也能促使個人有所改變，進而去捍衛自己個人價值以及完整性。相反地，在前小孩／前父母的關係裡，若一直用一種小小的聲音在你耳邊低聲說：「你真的很假。」這種惡性的愧疚感來對待自己，這種狀況就像是處在一種長期服毒的狀態。

最近，七十歲的阿蘭（Alain）來找我們個人諮商，向我們說明了他飽受負面愧疚感所苦：

「我剛剛才跟某人發了飆。」阿蘭說。

「是為了什麼事呢？」心理師問。

「我不喜歡道德說教。」

「您是在指哪件事呢？」

「我最要好的朋友跟我說，我對我女兒的行為並沒有實質上的幫助。」

「您女兒多大了？」

「四十五歲了。」

「那您的朋友說的您的行為舉止指的是什麼？」

「我給了我女兒八千歐元。」

「是。」（心理師沉默。）

「她已經好幾個月沒有繳她公寓的房租了，而我是公寓出租的擔保人。」

「那為什麼她沒有繳房租呢？」

「為了一個進修課程。」

「那您之前知道這件事嗎？」

「當然不知道。她告訴我的時候，我當下是很憤怒的。不過聽完她解釋之後，我比較理解了。」

「那您的朋友怎麼看呢？」

「她說我女兒這樣是搶劫，我無法接受。」

「那您是否在您女兒小時候，讓她有被拋棄的感受呢？」

「有的。」（沉默下來）「我女兒在她小的時候被鄰居性侵害好幾年。很久以後我才知道，但那個混蛋早就死了。」

「您的女兒那時多大呢？」

「大概七歲到十歲之間。」

「關於她被侵害這件事，您的女兒有為此責怪您嗎？」

「並沒有。」

「我認為您和女兒的親子關係是處於失常的狀態，您同意嗎？」

「我不知道我還能做什麼。」

「那如果您做得少一點呢？」

「我怕我會失去她。」

「您剛跟我說女兒跟您解釋了她好幾個月不付房租的理由，您也能夠理解她的決定。」

「她跟我說這是我欠她的。」

「這聽起來隱約像是種責備。您覺得呢？」

「如果時光倒流，我願意付出一切去阻止這樣的悲劇發生。」

「是。」（心理師沉默）

阿蘭隨即轉移話題到人生其他片段上。但我們發現，他的人生經歷大抵都脫離不了這場悲劇的發生。惡性愧疚感會促使關係僵化、極端化。阿蘭的罪惡感，來自於他對為人父那種「好的父親就應該保護女兒」的職責幻想。女兒至今也一直因為父親當時沒有好好保護她仍在和他賭氣，更未曾想要負起拯救自己「內在小女孩」的責任。這種情況，將父女間的親子關係維繫在一種雙方都受苦、失衡的關係裡，讓父女始終無法將這種親子關係好好表明，更無法克服造成的傷害。很明顯的，過不去的過往確實存在於這對父女關係中。

而在前小孩這方面，惡性的愧疚感是較常見的症狀。很多成人都會強迫自己去接受他們跟自己前父母關係中的經歷與感受。在不想要失去父母的尊重或背叛他們的前提之下，子女就會表現得像永遠順從的小孩。不過，愧疚感和有害的感受很容易辨認，也會伴隨其他不同的感受出現。試問：你對以下這些在生活中可能出現過的小小囈語熟悉嗎？「我很糟，不健全，是個骯髒的怪物」，會讓你掉入一種惡性的羞辱感；或是：「我生來就只是為他人服務」，這種會讓你放棄自己的想法；還有「我什麼都不是」，這種想法正在強化你的自卑感；而「我什麼都做不好⋯⋯」會使你感到無比地無力。

這些惡性的感受讓你在處理前親子關係時，經常無法對失衡的狀態進行反思。

我們知道，評量一段親子關係，從來就不是件容易的事，尤其發生在過去曾有過缺乏親情關愛（manque affectif）的這種感受，使親子間處於一種僵持不下的狀態，也更難去客觀地看待親子關係。

親情關愛缺失

原生家庭，是我們打從出生以來最開始人際關係的地方。然而在這樣的環境中，需求與關愛缺失感很常混為一談，因為我們那些沒被滿足的需求，一旦被中斷連結後，時常又會再現，造成困惑。[2]這個中斷會讓空虛苦痛的情緒油然而生，使我們需要得到修復的渴求大幅增加。親子間很多潛在的要求，會在前子女／前父母的狀態下顯現。其中有些人會期望獲得他們小時候不曾擁有過的那份父母的關愛。就像是托馬（Thomas）的例子。

我們之前已強調：「被認同，是一種人際關係上的需求，也是自尊心的根源。每個孩子都希望自己被當成一個獨立的個體，一個活生生的、有血有淚，並且充滿知性的感性之人。他會希望因為做自己而被他人接納，而不是假裝成他人想像、想要或是幻想成為的樣子。……若你童年時的認同需求不夠充足，那麼你今天要面對的其實是在找尋不存在的注意或鼓勵的課題。這就是非常渴望得到認同的順應型小孩在作祟，一直逼迫著身為成人的你，採取痛苦卻又無效用的手段。」[3]而三十歲的托馬，人生中從來沒有感到被自己父親認同過。在我們課程中聊到「內心風景星象」[4]時，他分享道：

當發現我爸一直拒絕我送的禮物時，我就漸漸理解到自己想要送禮給我爸的那份執念了。對我來說，這是一種能夠獲得他注意力的方式，然後可以跟他說：「看看我吧，爸，我愛你，我需要你的愛。」而他，卻從來沒給過我任何東西。後來，我就想到我的祖父，他的策略與行事行為跟我爸如出一轍。一個完全不認同自己兒子的父親，卻是一個大力地支持我做任何事的和藹祖父。因此在我心中，面對我祖父和我父親時，就會啟動雙重忠誠態度模式。面對我爸爸時，我會扮演那個永遠嚷嚷要得到他的愛的小孩，儘管他再三無視，根本近乎心理虐待，而我也明白應該要譴責他這樣的行為。然而在面對我爺爺時，卻不是這麼一回事，一直有某種被愛而得到修補的感覺。其實，我很清楚，從爺爺那裡得到的關愛，有一部分並不是給我的，而是要給爸爸的。一直以來，我就這樣順便背負了一種不屬於我的愧疚感：為我那兩個從來沒有當過好父親的爸爸和爺爺，感到愧疚。意識到這種奇怪的關係後，我下定決心要打破在職場上和感情關係裡無法讓我有任何進展的連結。身為一位同志，我其實一直在伴侶身上尋找我所敬愛的父親影子。我也知道這樣當然行不通。有一陣子，我以為伴侶會認為我對他而言是一個特別的存在，但最終才明白，其實是自己自作多情……我為感情所付出的一切努力，根本付諸流水。

很多成人的狀況跟托馬的例子很像，因為在童年經驗裡非常欠缺父母的關愛而飽受精神上如失怙般的痛苦。若關愛缺乏越多，加倍付出關愛給長輩的那種行為就越無法中斷。哲學兼心理治療師妮可・皮爾（Nicole Prieur）證實道：「家庭親情的其中一個特性，並不在於『歸還』給那些我們所愛的人什麼，而是給未來的下一代更多的關愛；面對未來時，我們每個人皆負有責任。生命給我們最重大的安排就是，輪到我們這一代的時候，要實踐開創新時代的義務。」[5]

為了生長，所有的生命都有權利在他幼小時得到需要的關注、關懷以及關心，這樣的生命認同，是那些生命殘缺不全的人所不曾擁有的。如果真的有認同發生，那也只是對方帶來短暫的安慰而已。我們認為，**認同的舉動也可以成為重整關係的起點，但並不會自動對心理內在受傷的那部分進行治癒**。即使我們承認自己的內在小孩正處於受傷的狀態，過程雖然艱難且複雜，卻可以對家族以外的人鋪出一條能夠相互支持以及待人和善的修練之路。這樣一來，關愛缺乏所引發的苦痛就會漸漸消逝，在心裡騰出空間給那些真實且合理的需求，並慢慢填補起來。

在一段前小孩／前父母功能失常的親情關係中，個人的需求都是被否定的。親情關愛缺乏的感受，世世代代操縱著人類情感，也自然發展出一套通常對長輩較有利的應對系統。

親情關愛缺乏會產生兩種不良結果，一種是對父母永遠感到虧欠，另一種則是永遠都在向他們索取關愛。在前小孩這方面，通常會加倍付出來取得他們之前應該得到的關愛，或單方要求父母付出他們以前應該要給的關愛，兩者皆會鞏固著那固著卻沒什麼營養的親子關係，使之更加無法修復。關於前小孩和前父母之間，皮爾就提醒：「在家庭裡，家人之間是不需要舉債和收取佣金的利益關係的。斤斤計較會產生一個惡的開端；若過度批評，或對親情債務和贈與的義務秤斤注兩，那麼就容易失去理性的一面。」[6]

親情關愛缺乏，會造成家庭成員之間的支持功能僵化。簡單來說，在一段成年後失調的關係中，前父母會變成「應該要討回之前付出」的那方，而前小孩則是那個「要為父母全心全意付出」的一方；而在其他的家庭裡，卻可能出現相反的狀況，前父母「必須要付出全心全力」，而前小孩就「應收取所有」。這種失調的關係是來自一種空洞的迷思：在親子關係中，小孩只顧接收就好，而不需要付出，假如前父母沒有遵照這樣的迷思對待自己的小孩，他就會覺得自己是欠下人情債的那個人。

功能失常通常只是一個表面徵兆，用來掩蓋住一種深層久遠並且已經被遺忘或被扼殺了的苦痛。面對這些苦痛時，大部分的人只能隱忍，卻無法言喻。然而，聆聽對方內在，並讓自我內在那敏感又脆弱的小孩被聽見，其實可以作為一種親職關係的修復之道。

認可自己真實內在的主觀性這件事，既敏感又感性，也可以是充滿想像力的。它會強化「自我完整性」的感受。可惜在一段失衡的關係裡，內在小孩的苦痛很少被重視，也會在順從小孩面對父母時，為了生存以及保護自我的策略中被隱藏起來。這樣的依附關係不但非常耗能又費力，還會擠壓到擁有活力、充滿感性發展空間的可能性。

耗能的依附關係

安．瑪麗（Anne-Marie），四十歲，跟我們提起了她父母在場時的那種不自在的感受：

> 我不知道我是怎麼搞的，我跟父母之間的相處一直都很令我難受，我只要見他

們兩天，就得花一個星期來休養、找回我自己。這也讓我感到很不舒服、筋疲力盡，就像是掉入憂鬱情緒裡一樣。面對這種狀況，我感到非常無力。比如說在求職時，我通常要花很多力氣才能找到一個適合我的工作。我感覺自己被囚禁在只有先生和小孩的小家庭生活裡，但我實在是撐不下去了，所以我開始尋求治療我內在小孩的方法。

幾個月的治療追蹤後，安・瑪麗開始能夠將自己跟父母的關係用言語表達出來了。

我發覺其實一直以來我都無法接受他們的樣子、想法還有行為。我很氣自己為什麼要一直忍氣吞聲，遇到的所有事情都往肚裡吞。像是當我一到他們家的時候，我就把自我隱形起來，低聲下氣地只為我的家人服務。我聽我媽媽的命令，買菜，備料、整理以及收拾餐桌，這些事我根本不得不做；在我爸面前，也是百依百順，彷彿我就是我爸媽的附屬品；聽他們說話；看著他們生活；幫他們加油打氣；替他們打點他們的需求；回應他們的期待；甚至是那個安慰他們、照顧他們的女兒。我對自己的一舉一動，像是所說的話、所表達的情緒，還有我的外表打扮，一切都小心翼翼，根本就是活在被控制的人生中。我一直以來都讓自己去迎合別人，討人喜愛，目的就是為了不讓人失望。而且如果有需要，我就會在家裡一直扮演一些服務的、協調的角色，就像是維持家裡氣氛平和的守護者。無法做自己的那種無力感背後，有某種巨大的疲憊感伴隨而來，最糟糕的是，我竟然覺得家裡會變成現在這樣都是我的錯，將責任都歸咎到自己身上。

狀況持續發生將近一年的時間之後，為了要重新找回自己，安・瑪麗決定要做出一個重大的舉動去改變她的生活，也加速她重拾自主權的進程。

為了拋棄「我的生活並不屬於我」的這個念頭，我開始跟父母談起這件事。我跟他們說我需要時間找回我自己，所以暫時不要聯絡，並告訴他們如果哪天我準備好了，會再重新和他們聯繫。我也跟他們說明了，等到那天的到來，也就表示他們的父母職責將正式告一段落。我是鼓起了多麼大的勇氣才做出這樣的商談啊！不過在那個當下，我真的沒有選擇的餘地了，因為我感覺到我的生命精力正在一點一滴的消逝，在生活的各個層面處處碰壁。所以我摸摸鼻子，認清了這個事實，好好地去尋求協助。這樣的心態一轉變，馬上加速了我的諮商療程，我終於能夠看清那些把我綁在父母身邊的心理束縛是什麼了。從現在開始，我已經能夠把我的父母當作不完美、有人性、有優點也有缺點的一般人，我是能夠過著跟他們全然不同的人生的。現在的我，在生活上感到更自在，也快要準備好可以跟他們展開嶄新的親情關係了。

親情並不是恆靜的。美國心理治療師哈爾以及希德拉・史東（Hall & Sidra Stone）說明，把一段人際關係看成是一種個體間不同的能量場，以及不同大小能量間的交換過程，[7]能量會在兩個人的內心之間連接流動，並且會因為不同的身心感受而形成不同的交流狀態。

或許很多人會和安・瑪麗一樣，感受到一絲輕微的倦怠感，或是更糟的情況，也可能會在與父母的相處關係中感到一股更深層的疲憊。其實，在任何一種人際關係裡，難免都會碰到這種現象。個人的能量場域會由身體發出訊號，來告知我們所處的人際關係中真實的本質為何。而在家庭關係裡，通常會建立在那些慣性耗能的互動之間。因此，重要的是，如何在家庭裡建立一種自由、有所選擇的關係，讓我們不再在既有的關係中受苦。

耗能的依附關係並不是病理的結果，而是因為本身有一段尚未被改善的失調關係所造成的。暫時退一步，保持距離，能夠對重整關係有明顯的助益，也可以防止彼此再有慣性耗能互動的發生。換個角度想，我們可以把這樣的人生試煉看成是一種成為大人的儀式。世界上多數的文化傳統裡，都存有紀念成年禮的古老儀式，是一種慶祝青春期的小孩脫離對大人依賴關係的典禮。由此可知，成年禮普遍地證明了人類是有必要建立一種「前小孩以及前父母」的關係，讓雙方從過往的模式中脫離出來。

關於內在小孩

在探索成年後的親子關係中，我們難免會碰到自我內在小孩的問題。這樣的疑問其實存在已久，就像問「我是誰？」一樣，具有存在性本質的疑問，也是每個人心中都會自問的問題。《新約聖經》裡提供了兩個乍看之下互為矛盾的答案。在〈歌林多前書〉裡寫道：「我作孩子的時候，話語像孩子，心思像孩子，意念像孩子，既成了人，就把孩子的事丟棄了。」[8]以及〈馬太福音〉：「我實在告訴你們，你們若不回轉，變成小孩子的樣式，斷不得進天國。」[9]這兩段聖經的話提醒了我們「成為大人」這件事的複雜程度。那是種必然要失去幼童狀態，也一面喚醒和自己童年緊密連結的啟動儀式。此後，真實面對自我才得以成熟。

在三十年的心理治療經驗中，我們建立了一個有效模式理論，那就是：把在父母面前永遠是小孩的這種順應型小孩（enfant adopté）和內在小孩（enfant intérieur）兩者做區別。

順應型小孩就像是被過去困住一樣，背負著所有如情緒、感受、角色、信仰、僵化的言行模式等等的重擔，導致自己一直不斷地在生活中，上演千篇一律失調又苦痛的人生劇本。這樣只會使成人掉入無止盡的童年創傷的深淵，既無法看清自己的自我意識，也無法感受到自己當下的生命力。也正因為他執著於這種既定的孩子／大人過往的對立關係，而無法維繫成人後那種大人和大人之間的對等關係。

順應型小孩會活在一部分的內在心靈創傷之中，並憑藉著生存與自我保護過著囚徒的人生，在面對任何清況或人際關係時，會一再地去回想曾經讓他受到傷害的畫面場景。而他的策略如：服從、逃避、依賴、掌控或是操控權力，都是要竭盡所能地在關係中避免受苦、空虛或是混亂不安的狀況發生。雖然這些都是讓他在幼時得以生存的有效方法，不過卻會在他成為大人後，使他苦不堪言的枷鎖。因此，很多內心住著順應型小孩的成人，仍會持續犧牲自己一大部分的完整性，來換取體會被愛的感受以及自身的存在感。

這樣的職責會使新的感受層層堆疊在舊有的經驗上，就像是無法跨越的千萬苦難一般。而這陰鬱的小孩，多多少少都存在於每個人的心中，受到一段過不去的過往所壓迫，實際上，僅僅是那個被幽幻面紗給遮蓋住的內在小孩罷了。一般來說，內在小孩代表著真實的我；而在真切的自我裡，有著天生（天賦本心）的小孩和被束縛住（受傷）的小孩，兩種象徵著人類根本的內在狀態和人際關係連結時所需要的創造能力。

「內在小孩」這樣的比喻，其實是一個和自我與過往經驗和解的極佳方法，也會在與前父母建立一段健全親子關係的過程中，扮演著極為重要的角色。不過，談到內在小孩療癒方面，大多數的人還是會有所誤解。**我們其實並不能治癒自己的內在小孩，但是可以修復自己和內在小孩的關係；我們並不能治癒自己的過去，但是我們可以治療自己與過去經歷之間的關係**。那個在你心中很脆弱且容易受傷的小孩，就是你的人性核心。而這樣重新面對面，互相對話的私密關係，其實對解放你的人際關係很有幫助。社會心理學家賈克·沙洛梅（Jacques Salomé）就在他的自傳裡得出結論：「我今後會非常注意住在自己身體裡面的小孩。我會開始傾聽他的需求，謹慎對待他的提問，也會顧慮、尊重到他的存在是如何展現自己的意志。」[10]

因此，能夠區分自己內在小孩的意志展現和順應型小孩的不同處，是成長過程中一種很珍貴的學習歷程。將自己從過往中解放，並不再譴責自己的內在小孩，也不再把自我當成敵人。

不再責備自己的內在小孩

至今，許多人仍認為，內在受傷的小孩會影響到成人後的生活，還會怪罪內在小孩是所有問題的根源，更是關係失衡的罪魁禍首。倘若我們看到許多目前棘手的問題，都始於童年時期關愛經驗的缺乏，這就表示內在小孩並不是這些問題的起因。成人痛苦的原因，其實是來自於否定、壓抑自己的內在小孩，把太多期望、幻想都加諸於自己內心那個順應型小孩身上。當內在小孩許多理所當然的感受沒有被接納，也沒有接收到合理共感、同理、和善的回應時，那麼自我存在的最深處，就會卡在一種動彈不得的狀態中；而在內心深處正躺著這些等著被理解、被找到甚至被釋放的感受。因此在內在小孩心底各種冰封已久的生命力，事實上是渴望重生的。

然而，也有一些人會繼續把童年時所遭受到負面對待的責任，歸咎到自己身上。在我們最近的一次討論會中，一位男子向我們透露：「我爸以前常常打我，不過這全都是我的錯；因為我以前很煩人，讓人無法忍受，就是一個很皮的孩子。」另一位有參與過我們舉辦的講座的女子跟我們分享：「我媽以前很少照顧我。但身為小孩的我太過於自私，沒有為她著想過，她其實有很多事情要忙，而我當時太不夠支持她了。」

小孩對於接收到的照護與關愛非常依賴，所以很多時候小孩習慣把自己真實的感受隱藏起來，去符合他所成長的家庭的、社會的，乃至於文化系統中的期望與束縛。漸漸地，他只會去建立一個「求生存的我」，並試圖去抹滅「真實的我」。所以受傷小孩以及天賦小孩即是內在小孩兩種不可分割的面向。而擅於生存策略方面的計算與實行，便是順應型小孩的典型特性。

譴責內在小孩，為自己不好過的童年負責的同時，似乎也正盼望能夠傾聽他、治癒他的聲音出現，這是一種非常普遍的心態，並沒什麼不妥。這種矛盾情緒曾經在你經歷過的童年中出現，也常發生在家長或老師言行不當、以「都是為你好」為藉口時，而這就是關愛矛盾的本源。我們怎麼會認為打、罵、否定、貶低、忽略、拋棄、貶損人格的教養方式，是我們所謂的「教育美德」呢？

即使我們知道這種美德不甚正確，但在內在小孩這個比喻裡，幼孩本質上是無法和各種前世代的價值體現完全切割的。歷史中幾千年的幼童經歷，都在各自面對人類發展。小孩的自我一直以來都受到遮蔽，也就是一種對於孩童時期表達能力的壓迫；幼童從古至今都是各種肢體、情緒、精神暴力的受害者，既無法獲得照護與關愛，也遭到孤立與藐視。而成人後，大多數的人仍維持這樣的傳統，繼續以責怪和否定自己內在小孩的方式生活著；他會抑制自己天生能夠發揮同理、關愛以及同情的能力，也會自認為人生就應該是當個順應社會的小孩，並且否定自我存在最柔軟也最脆弱的那一面。

在我們之前其中一本著作中提過，內心的順應型小孩會「否定自己的內在真實，並矇騙身為成人的我們往迷霧深淵走去。他會不停地要求父母或是代替父母養育責任的長輩們給予他覺得自己缺少的東西；也會把『若要被愛，就不能做自己』這個想法變成自己的。成年的我們，若給予順應小孩在心裡太大的空間，那麼他就會欺騙自己，把許多自己經歷過的經驗，想像成比自己想要避免的痛苦還更劇烈的後果，予以譴責，然後加諸在自己身上。」[11] 當內在小孩不受重視的時候，每個成人心中那個順應小孩就會出現，並把所有的精力都導向外在世界，既想要去博取自身存在的認同，也想要被欣賞、被認可與被愛。他以重啟陰鬱氣氛，以及回到過去依附關係慣性的模式繼續存在，向外在世界苦苦乞求關注。這就是為什麼很多成人會把自己暴露在「有害」的人際關係中，並自我沉浸在一種強烈又反覆的創傷經驗之中。

內在小孩的自我催眠經驗

何謂自我催眠經驗？

心理治療師史蒂芬．沃林斯基（Stephen Wolinsky）把內在小孩的自我催眠經驗比喻為「像是從夢中清醒一般。一開始，內在小孩的自我催眠狀態會因為和他人，如爸爸、媽媽、師長，也可能是老闆、朋友、先生、太太、孩子……互動時而被觸發。那個內在小孩的你，其實是為了要保護你自己或是支撐你自己而製造了這種催眠狀態，是一種你跟他人互動時自然的保護機制反應。不過隨著催眠的次數增加，它能夠駕控你的能力會越來越大。」內在小孩的自我催眠經驗不只與成人後的親子關係有關連，在我們看來，一段健全的前親子關係，可以大大地減低自我催眠經驗的次數與頻率。從某方面來說，讓自己從催眠中醒來，並且讓自己在適切的前親子關係中覺醒，就是一種有效的解決方法。

沃林斯基繼續說明：「自我催眠經驗是與意識流有關的，其中以『極限』與『問題』這兩種出現異常的意識較常見；是種停頓又或是變形，也可能是限制狀態，以降低你的注意力。於是，將自己從催眠中喚醒的過程，就是由自身感受到被窄化或是受壓迫的那種催眠狀態，過渡到一種更自由、寬闊的『觀察者、創造者』的生命狀態，（也就是說，對自己的心理內在狀態有一定程度的意識時，便能成為當下做抉擇時的主導者）。」[12]

當我們在研究順應小孩以及內在小孩時，發現有許多可疑跡象都顯示著內在小孩自我催眠經驗的存在。

可疑跡象

我們在下列清單中，列舉了一些常見的自我催眠經驗的可疑跡象，並歸納出四種束縛住個體認知能力的自我催眠經驗。這些內在小孩自我催眠的症狀不勝枚舉，也揭示了一些順應小孩的內在意涵。你可能會因為發現內在小孩自我催眠經驗在日常生活中是多麼頻繁發生而感到訝異；它們雖不是什麼病症，卻是多數人在個人社交生活上和職場上遇到困難的肇因。

暫時性自我催眠

可疑的跡象有：

- 我沒辦法待在此時此地。

- 我在父母／伴侶／朋友／老闆或同事面前的表現，總像個唯唯諾諾或是非常叛逆的小孩。
- 我很希望自己有個很不一樣的過去，或我幻想著我的未來可以改正我的過往。
- 我一直都憤恨不平，或我從來沒有生過氣。
- 我一心想著要報仇，或我一直都在埋怨。
- 我對我的言行和抉擇不用負責任。
- 我會不停反覆地回想過去的事件場景。
- 我完全忘了我的過去，或將過往都記得清清楚楚。

暫時性自我催眠即為理想化或自我否認狀態的發生；它們不但會妨礙我們活在當下，也會有一種對自己人生無法掌握的感受。

肉體自我催眠

可疑跡象有：

- 我有靈體分離的解離感，感覺跟自己的聯繫被切斷了。

- 我無法知道自己的感受、想法或是欲望、需要是什麼。
- 我對身體的某些部位感到很陌生。
- 我看不清、也不明白或我感受不到某些事物。
- 我看到、聽到或是感受得到一些不存在的事物。
- 我需要感受痛苦，專門找尋那些苦痛的經驗。
- 我時常靈魂出竅，心不在焉。
- 我總是恐慌焦慮。
- 我時常沒來由地哭泣。
- 我的身體讓我感到痛苦，找不出任何客觀原因。

身體上的自我催眠，很多時候是一種心理麻痺或是阻絕的狀態。這些會阻礙我們如何合理回應自己的基本生理需求以及人際需求。

心理自我催眠

可疑跡象有：

- 我要付出一切幫助他人、支持他人、治療他人。
- 我只要別人照顧我。
- 我要不顧一切為改變世界而奮鬥。
- 內在有些聲音要我怎麼想、怎麼感受、怎麼做。
- 我會去解讀他人的現實狀況、動作以及言語。
- 我隨時隨地都在找一些跡象並把它視為某種徵兆。
- 我在找一些可以快速解決人生問題的無痛解方來引導我過生活。
- 我相信他人會因為我而改變。
- 我在他人身邊總是扮演著某個固定角色／職責。
- 我總是幻想著可以變成另一個人。
- 我完全以另一人的身分來認同自己。
- 我很差、很糟、有罪或感到羞恥。
- 我是一個好人，心地善良的人。
- 我喜歡所有人。
- 我感到憎恨。
- 我對於周遭人、事、物毫無感覺，感覺跟我完全無關。

心理上的自我催眠，不但會使個人耗費生命中大部分的精力把自己貢獻到他人身上，還會阻礙個人獨特生命力的完滿發展。

心靈自我催眠

可疑跡象有：

- 我相信我的想法可以創造現實。
- 我相信有某個領袖或是精神導師可以在我靈修的道路上引領我。我也很願意去相信靈性世界的一些觀念如業力、原罪等。
- 我的生活完全依賴哲學性或是宗教性架構。
- 我會把一些象徵性的現實如：精靈、天使、悟道的大師等如物理現實一般來看待。
- 我將靈性，理性與合理化，例如：因為上一輩子的一個錯誤造成現世報。
- 我會把一些無法容忍的暴力言行合理化，並將現實靈性化，例如：我父親虐待我，但是，是我自己的靈魂選擇要體驗這個人生經驗的。

• 我會合理化我所受的苦，是因為有一位、或是一個更高層的事物在掌控著我，如：我得癌症是為了生命磨練。

• 我寬恕他人。

• 我的愛不求回報。

• 我信上帝，或我不信上帝。

心靈自我催眠就像一種幻象，使人無法接受人類、動物、植物等萬物生命的脆弱性。

以上這些可疑的跡象，並不總是內在小孩自我催眠狀態經驗系統性的症狀，不過，通常有一定程度上的相關性。每個生命皆是為了防止自己受苦、感受空虛或經歷混亂，而用自己的方式詮釋自己的人生事件。不過，空虛也可能是因為在幼年時期人際互動方面以及缺乏關愛所造成的。而歷經混亂，是一種因為父母失職或是家庭支持功能失調，而產生出心理混淆的強烈感受。因此，或許每個人多多少少都曾有過強烈或規律性地內在小孩自我催眠的經驗。

自我催眠的機制

我們無法期待能夠讓內在小孩自我催眠的經驗完全消失，而是試圖讓人生當中有個更乾淨（理想）的內在。唯有在這個狀態下，每個人自然而然能更快、也更容易克服自己的自我催眠經驗，這就是學習如何脫離催眠狀態的過程。而當我們能夠不再認同、接受自己那個順應小孩的情緒、感受和言行時，我們就能脫離催眠的狀態。

現在，就讓我們來大略地看一下，主要的內在小孩自我催眠狀態例子與其描述。

■退化（régression）②

我在面對特定人事物或狀況時，會重回小孩的狀態。我心神已經不在那個當下，而是在其他地方或是另一個時間點。

三十歲的泰歐（Théo）在成長過程中，一直都在尋求得到他人的認同。他在還小的時候，特別會去引起同學們的注意力或是得到老師們的獎賞。成年之後，他連續談了好幾段戀愛，都是以送禮給對方的方式來獲得被他人愛慕的感覺。在任職的

② 英文為 regression，為一種心理防衛機轉，也作退化情感、情感倒退、迴歸。

公司裡，他是個模範員工，時常面帶微笑，客客氣氣地，也很有效率，但是在面對他人，尤其是他的老闆的時候，退化的心理行為便顯現出來。他解釋道：

在我還小的時候，一直都聽到我的父母對我耳提面命要我付出自己，努力爭取關愛和重視。我對此事完全沒輒，所以我開始將自我透明化，只專注於奉獻他人。最近，我的上司請我留下來加班幫他處理事情。但是那天晚上我剛好有重要的約會，早就打定主意要早點下班。結果稍晚，當主管跟我提出這個請求的時候，我突然變成八歲小孩的狀態，並在腦海裡聽到我父親的聲音跟我說：「泰歐，你不要太自私了！現在大家需要你，而且你很清楚如果要有所回報，那就要盡力付出。」我就小小聲地回了我主管：「是，遵命。」但是當下在心裡卻對我自己恨之入骨，感到自己怎麼那麼沒用，那麼弱。

退化的行為表現，與過去一連串形塑今日成人樣子的事件有直接關係。而教導小孩要取悅父母來得到關愛，是導致自我催眠狀態的主要原因。

當泰歐重新找回自己的內在小孩時，他的退化行為有大幅度的減輕。當他找回了面對讓他無聲的父母該有的氣憤情緒時，整個自我催眠經驗對他造成的傷害明顯地減少很多。

■妄想投射（futurisation）③

我會將過去發生的事件或氣氛投射到未來，對於未來有著不切實際的想像，不是最糟，就是理想化，但總是脫離現實的。

三十多歲的佐亞（Zoya）來自一個有十二個小孩的小康家庭。她在童年時期曾經飽受那種無法感受到父母足夠的照護之苦。父母很少跟她好好講過話，大多都是以命令、指使、大聲喊叫的方式與她溝通。家裡也從來沒有人問候過她心情如何；幼小的她會在家中一隅，自己一個人待上好幾個小時。母親常常拿她跟她的雙胞胎兄弟做比較，數落她的不是。而當佐亞成年後，變成了一個外表上看起來很有自信的女性。她以優異的成績畢了業，但卻會在某些情況下變得非常焦慮，只會想到最糟的狀況發生在她身上。她說：

③ Futurisation 為作者所創的詞彙。字面意思是「未來化」，將一種現實預想投射至未來時間點的一種幻想，在此案例裡是種負面投射，故譯為妄想投射。

上個星期，一位女同事很焦慮地跟我透露，公司裡流傳有可能要裁員的風聲。我感到一陣讓我喘不過氣的焦慮感，朝我撲過來。我無法聽進她的話，聲音彷彿飄到了很遠的地方。我開始想像自己被看成一個可有可無的人，然後被炒魷魚。我幻想的情境馬上轉到：我失業，但沒辦法再找到另一個工作，也無法繼續付房租。然後我看到一個住在橋下的遊民，這些預想就這樣快速的浮現在我的腦海裡。我試著恢復理智，但還是沒辦法立刻停止繼續對這個惡夢的想像。過了一段時間之後，我好不容易才冷靜下來，去重新評估周遭的現實狀況。

佐亞的未來妄想投射行為源自於她幼年的經歷，那些被父母拋棄或是關愛匱乏的自我催眠經驗，而她一直沒辦法放下這段痛苦的過去。不過從那次以後，她學會了如何在遇到類似狀況時，立即緩和呼吸，也就是可以迅速抽離這種痛苦回憶的方法。佐亞的經歷證實了史蒂芬．沃林斯基的說法，「自我催眠經驗之再現，必定會伴隨著肌肉收縮以及摒住呼吸這些生理反應。」13

漸漸地，佐亞為了使自己內在小孩安定下來，想出了一套語句可以幫助她在第一時間和緩自我催眠經驗再現的那種痛苦，她對自己說：

一切都沒事的，我在這裡。已經結束了，妳現在跟我在一起是安全的。

■解離（dissociation）④

我把我自己分解開來，或者我把自己和他人分開來看。我已經無法和我的感受、需求或我的身體（某個部分）有所連結了。我已經不在這裡，或是，我變成了另一個人。

解離是自我催眠後一種廣為人知的現象。精神分析師薩韋李歐．托馬塞拉（Saverio Tomasella）說明：「有意識的麻木感，會造成一個人和他正在經歷的事情游離，也就是和他的感受分離的狀態。我們稱這種保護模式為『解離』。這是思想和感覺分離時所造成的狀態，也會導致自我跟當下情況有所劃分。擁有解離現象的人，會覺得自己好像是轉換成自動駕駛模式，彷彿身邊正在發生的事情都跟他無關。因此，他會更希望自己去遵守那些社交禮節或是社會常規。」[14]

有些人會感覺自己就該是自己的父親或母親，需要隨時調整自己的言行後與父

---

④ 也譯作分離。

母的言行合成為一。這種解離的自我催眠狀態——也是一種和父母融合的現象，假冒他人的身分認同在自己身上的狀況，在家庭相處中尤其明顯。

■內在獨白

內在有某種聲音強加在「我」身上，並命令我該怎麼感受、該怎麼表達或是該怎麼做。

打從出生以來，幼孩就會內化其父母的所有態度。在成長的過程中，他會吸收父母的信念與想法，服從養育之命令。一個被困在永遠小孩裡的成人，在他的腦海裡想像著父母的耳提面命，那些聲音會一直陪伴在他左右。他會服從那些從沒提出過質疑的父母和家族規範；當他不自動執行這項命令時，父母、長輩的一些聲音就會在心中出現，要他遵守指令。而當內心順應小孩出現，命令和指揮一個身為成人的我們，必須要依照父母的指令執行時，我們不但無法確認自己真實感受，更沒辦法對自己的選擇感到自在。

■幻覺

我看到、聽到、聞到一些現實不存在的事物／我看不到、聽不到、也感受不到那些真實存在的事物。我的感官失靈了。

幻覺這樣的自我催眠會產生一些對現實不真確的判讀，更會影響到人際關係。雷吉娜（Régine）記得：

我長年以來都一直飽受幻覺之苦。剛開始我以為別人有問題。然後我開始覺得，別人跟我四目相接時，對方的眼神都帶有挑釁的意味。不管是很熱情的態度，還是很友善的言詞，我感覺起來都很假。我會覺得他們在嘲笑我。過了一陣子以後我才慢慢發覺，我好像一直在反覆經歷那種以前我母親對我不屑的態度。我才明白，並意識到自己對別人的非言語動作錯誤解讀這件事，非常難熬也難以接受。小時候，儘管媽媽對我說的話語都是正面的，卻時常用一種否定的眼神在跟我溝通。這種隱約被鄙視的感覺在我心中揮之不去，造成我心裡有許多困惑，也長時間對我人際關係的互動造成許多困擾。

■靈性化（spiritualisation）

我對我自己、他人乃至於人生的信念，都透露了一種萬能力量的幻想存在。

靈性化，是能夠驅動內在美德的一種信仰，是一種在個人發展中很常見的一種自我催眠狀態。這種催眠經驗較為隱性，會讓個人將一些過去經驗跟真實感受切割，之後建立起一種對於靈性的信念。靈性化會把人維持在一種催眠狀態：會將生命故事裡的混沌忽略、掩蓋起來，並給予個人一個更高層次的追求目標，使他和現實完全脫節。常見的靈性化信念有：「寬恕他人」「靈魂注定要去體會某個人生狀況」「這些痛苦的事件都含有一種超越人的經驗之意義。」[15]等。這些想法都會對個體內在存在一種萬能力量產生更強的錯覺。

靈性化也會在下列的說詞中表達出來：「上帝，我的父母，心理導師或是其他生命中的試煉，都含有更高層次的目標，要我轉變和成長的一種過程；當某個狀況變得太混沌或是痛苦時，我知道有些神祕的外在力量會引導我變得更好；只要我意圖良好、想法以及行為舉止得當，那麼我在今生或是另一世就能得到正面的回報，而他人不懷好意的行為舉止終將被懲罰，因為神聖的公允正義將會制裁。」如此的想法。

在面對自己苦痛時，藉由神力或是神聖回報的幻覺，即是一種為自己去除責任的表現。更令人擔心的是，如果這些想法是被「治療師」或是「心靈導師」灌輸的，那便會強化一個人的脆弱與無力感，把當事人囚禁在一些痛苦、難耐的情境之中。「萬事萬物都沒有對錯，只著重在考驗每個人的人生使命而已。」當我們採取靈性化行為來解釋人生時，其實是想要賦予人生另一種意涵。不過，這樣的想法對於實際上的改變沒有太大幫助，只是在期待奇蹟出現而已。我們怎麼會察覺不到在這種想法下所隱含的極端暴力呢？我們需要對過往所體會到的痛苦作出確切的回應，這些過往經歷對人生的存在有著重大意義（並非被困在絕對、狹隘的意義中）；如果我們試圖合理化某種創傷經驗、某種令我們無法接受的行為，將這些都看成是我們個人成長的動力的話，那就是一種特別嚴重的偽心靈異常（déviance）現象。其實尊重生命、尊重感性才是精神生活品質的唯一保證。[16]因為靈性化的行為，正是在抗拒面對生命中本來就必然會發生的失控混亂與荒唐，真正的靈性，應是在極度平凡中，保有適中的人性面，才能體驗不凡經歷的喜悅。

靈性化經驗是一種較為扭曲的自我催眠狀態，會讓成人在面對父母、上帝和生命時，停留在永恆小孩的狀態，對許多內在小孩嚴重自我催眠的經驗視而不見，而其作用在於啟動一種強大的自我神祕化的行動。在這種狀態裡，成人會合理化一段過不去的過往，並且相信有某種魔幻力量，在自我的內在或外在操控著一切。

有些成人從很小的時候，就發展出一套生存與自我保護的策略，緊緊地把自己鎖在裡面。而這些發生在成人身上的自我催眠狀態，就是永恆小孩症候群的明顯徵兆。然而，他們卻忽略了自己那個正在等待救援，被放逐、淚流滿面的內在小孩。

生存與自我保護策略

不顧一切求生與自保

要如何預防最糟的情況再次發生呢？像這樣的提問出現時，就表示我們心裡有某種生存與自保的機制啟動了。托馬塞拉強調：「這是一種避免自己重新想起那些被烙印在記憶裡失控的過往的機制。漸漸地，思緒迴路會以一種預設模式，繞過那些心裡害怕面對的現實，也凍結了一些能夠減緩不安與害怕的可能性。」[17]

每個人生經歷中，那些我們無法掌握的過去經驗皆會在意識裡留下痕跡，甚至變成一種成規，強制我們用「我是…」或「我不是…」或「我能…」或「我不能…」，「我應該…」或「我不該…」來組成心中的想法。這些二分法的句子也許是在表達對於人生的一些普遍性假設疑問，不過也跟過去內在順應小孩的某些情緒狀態有一定的關係。當過往情緒在無數次的人生經驗中被多次重啟，就會讓我們感覺這些情緒都是真實的。[18]然而，這些固著想法僅僅能夠為我們帶來短暫的安全感和被保護的錯覺。

大部分的生存與自保策略都會在人際關係層面上顯現。這也在提醒我們，某些自己特定的心理需求必須要定期補充，才能豐富親情關係。這些特殊需求既能夠用來鞏固親情，同時也能強化生命潛能，更會增加對自我價值的感受力道。而這特定的人際關係需求分為以下七種[19]：

- **自我表達的需求**：不受到否定、扭曲、嘲笑，能夠自在地表達自己的想法、話語、感受；
- **被理解的需求**：在當下真實的自我被他人理解，而不是因為被他人以我們說了什麼或不說什麼，或是我們做了什麼、沒做什麼來評斷一個人，也就是說，我們所表達的東西被正確理解的感受；
- **被認同的需求**：展現自我的強韌與脆弱，並被接受做自己的樣子；而不是因為他人認為我們不符合他們渴望或幻想的那種人而否定自己。因此，我們有想要因為做自己，而感到被他人接納、被愛之需求；

- **被肯定的需求**：自己的個人價值被他人看見，而予以鼓勵或肯定。擁有因為自己的行動而受到他人肯定的需求；
- **隱私的需求**：給予自己一個他人非請勿入的時間與空間，需要擁有一個自己可以跟他人分開的內心小宇宙；
- **創造的需求**（影響力發揮的需求）：不再依賴他人的回覆，有能力自由地做選擇，發揮自己的影響力，來感染自己的人生及身邊的親朋好友；
- **作夢的需求**（想望的需求）：對於有能力把自己的人生過得更好（使他人人生有所轉變）的信心需求。

當內在小孩被剝奪人際關係的基本需求時，為了不失去關心與關愛，便會過度順應他人。他的策略雖然在短時間內能夠奏效，但是那些在正當需求裡沒被支持、承認或是滿足的，終將失敗。在成長的過程中，這些策略會形成一些不自覺的溝通方式與慣性的相處模式。在某些情況下甚至會放大這些守舊規範，引發一些特定的回應方式，不顧一切的保護自己。

「當一個人向他人要求一個他自己也不相信的事物時，除了會描述那個他想要的東西，同時也會對於自己能不能完整形容那個東西加以懷疑；因此他在試探的同時，也會在現實中以負面的形式證明給他人看，他想要的東西是有可能永遠都無法實現的。」[20]可見擁有永恆小孩的成人，會因為被困在自己所信的那套人際關係策略之中，造成自己也無法理解自己的需求，且會想要去得到他早已不相信會存在的那一部分。這些生存與自保的策略其實是一種身分建構，能夠讓外在自我形成一道防護盔甲、不再受苦，保護自己、讓自己持續處在好像已經將父母缺失修復完畢的幻想裡。

許多人在發展生存與自保策略的同時，也會衍生出一些人際關係的問題。因此我們可以把內在小孩自我催眠狀況的強度大小，當作測量自己內在小孩的順應程度標準。這也表示了既有的社會規範及言行，其實是永恆小孩在面對父母時所發展出的順從性格，也是一種後設策略。

後設策略

順服、迴避、依賴、控制、權力，這五種將個人和特定策略區分的手段，我們稱為「後設」策略。在此，我們提供下列幾個評量來瞭解，在你與父母現有的親子關係中，生存與自保的「後設」策略強度。請你先以下列四種條件來評估自己的後設策略：

- 你在目前人際關係裡的行為表現；
- 你目前最主要的想法；
- 你目前最在乎的情感是什麼；
- 你在親情中主要的體會。

每個條件都以1到6來評分，「1」代表完全錯誤，「6」代表完全正確。每個評量完成後，分數會落在4到24分之間。五個評量加起來的分數總和是20到120分之間。

評量一：順服

甲

為了不要讓我父／母或兩者傷心難過或傷害他，我很努力跟他們相處。我試著保持友好、和善的態度。我會優先考慮他們狀況與需求。當他們表達需求時我會給予幫助。我完全服從。

否	1	2	3	4	5	6	是

乙

我最主要的想法是尋找和諧。過去的已經過去了。我傾向努力去讓現在的事更順利一點，也會盡力避免不必要的衝突。

否	1	2	3	4	5	6	是

丙

我真心希望因為我的所作所為，以及我所帶來的協助會有人感激。我所付出的關愛和照護若不被理解甚至被拒絕，會是很痛苦的事。

否	1	2	3	4	5	6	是

丁

在和我父／母或兩者互動中，我體會到疲憊或失敗的感覺。

否	1	2	3	4	5	6	是

評量二：迴避

甲

我和父／母或兩者有距離感。有他們在的地方我沒辦法久待。我和父母相處時有距離感。我會避免去聊各種太超過、太私密、太嚴肅或不愉快的話題。我不太會坦承我的想法，我也不會跟他們分享我大部分的生命經驗，我會保持較含蓄的態度。

否	1	2	3	4	5	6	是

乙

我最主要的想法是找尋一個人的平靜。我不太喜歡與我父母情緒上或肢體上太過親近。

否	1	2	3	4	5	6	是

丙

我不喜歡和父母一起被困在某種情況或某種活動中的感覺。我不喜歡感受被他們約束的感覺或是講一些我根本不認同的話。在我與父母的關係裡，我比較小心謹慎。

否	1	2	3	4	5	6	是

丁

我和我父或母／父母關係中，我會有不安全感或感到麻煩⋯⋯。

否	1	2	3	4	5	6	是

評量三：依賴

甲

我無法想像沒有父母如何繼續生活。想到他們不在了我就會很焦慮。我的父母曾經、現在、以後，都會是我生命中最重要的人。我們比任何人都瞭解彼此，而相互分享對我來說是我最大的幸福。沒有他們，我不會擅自做重大決定。

否	1	2	3	4	5	6	是

乙

我最主要的想法是擁有屬於這個家的歡樂。沒有任何其他事物可以取代這個歡樂，這比什麼都更強烈。知道父母一直都在我身邊會讓我安心。如果想到父母去世，我馬上有種焦慮或是難耐的空虛。

否	1	2	3	4	5	6	是

丙

我不喜歡離我父母太久又太遠。我喜歡感受到我跟他們很相像，而他們也為我感到驕傲。對我來說，每個家人的存在都是不可或缺的。

否	1	2	3	4	5	6	是

丁

在和我父／母或兩者關係互動中，我感到一種情感上的相互融合（或是相反，一種空虛）。

否	1	2	3	4	5	6	是

評量四：控制

甲

我會對支配著家庭生活的規條很在意。父母教導了我許多良善的價值，要我遵守，捍衛或是讓這些規條延續下去。我有種義務與使命要去達成，是個完美主義者，也喜歡事情被處理妥當的樣子，我喜歡秩序。

否	1	2	3	4	5	6	是

乙

我最主要的想法在於尊重。家庭生活的核心就是建立在對祖父母的敬重。我們可以表達自己的不滿，表達要有一定的方式，不能隨便說或隨便我們怎麼想。學著長大以及遵守那些規則與規範，是可以讓我們在社會上生存得更好。我們必須要學會克己及自制。

否	1	2	3	4	5	6	是

丙

我不喜歡不尊重人的態度或是任何不文明的表現。我不喜歡失誤或犯錯。我喜歡付出全力去讓自己更好、感覺更優秀。我期待別人也跟我一樣追求上進。我需要掌控我的人際關係以及我的人生。

否	1	2	3	4	5	6	是

丁

在和我父／母或兩者互動中，我感受到一種紀律以及義務的存在……。

否	1	2	3	4	5	6	是

評量五：權力

甲

父母常惹怒我，我會跟他們唱反調。面對他們的行為或是他們看事情的想法時，我會帶著積極的好勝心，公然跟他們反抗；或，我會間接、消極的對立。我很堅定地對他們展現或是讓他們感受到我是對的。雖然譴責他們可能沒什麼用，我（或許）仍會對他們做出許多批評。他們什麼都不懂。我對他們要求甚高。我無法接受他們隨著年齡老化而越來越脆弱的展現。

否	1	2	3	4	5	6	是

乙

我最主要的想法是力量。我有堅定捍衛自己的意志，不讓任何人包括我父母踩在我的頭上。我有強大的意志，知道自己要什麼，也知道要怎麼得到我需要的事物。

否	1	2	3	4	5	6	是

丙

我不喜歡脆弱，或是讓我自己成為任何人事物的受害者。我無法信任別人的大方、示好。生氣，對我來說是可以讓我看起來更值得尊敬的狀態。

否	1	2	3	4	5	6	是

丁

在和我父／母或兩者互動中，我體會到支配的感受和／或憤怒。

否	1	2	3	4	5	6	是

現在建議你把每個測驗的分數加起來，再算五個測驗加總起來的分數。如果五個後設策略評量當中，有一個測驗的分數加起來大於或等於12，就代表你跟父母正處在明顯失調的親子關係中，也代表著你被你內在那個順應小孩牽絆住了。有時會有同時好幾個後設策略相互牽動的狀況。若你的總體測驗分數大於或等於48，那就表示你時常還是以永恆小孩的態度在跟父母互動。

而這些後設策略在此無法一一列舉，也可能不只侷限在你跟父母的親子關係裡。這些測驗也能夠顯示「過度自我適應」性格的主要表徵，讓你去辨認自己在家庭、友誼或是戀愛關係中，甚至在職場上，是否跟上述評量裡所描述的行為有一樣的表現。總之，這些後設策略點出了某種你對於長輩或父母的依附關係。

生存與自保的策略機制，長遠看來，注定會導致人際關係的失敗。這種機制是被羞恥、愧疚感、自卑以及無力感這些有害的感受，和一些對規範有著既有的錯誤觀念……種種因素所助長。最常見的迷思像是：「我不值得被愛」「我應該要值得被愛」「我應該要扮演那個他人期待的自己，而非做我自己」「我不該合理化我自己的想法、感受」「我的人生不屬於我，所以我不能成就自己」。[21]

儘管這些過度自我適應的行為，在短時間內會帶來某些效果，但長久下來將會遇到更大的困難，例如：憂鬱、職業倦怠或是其他病徵之出現。這些問題的存在，表示先前一部分生存與自保策略已經失效。

三十八歲的法蘭辛（Francine）想起了她那些苦痛的人生經歷：

我人生最艱辛的時期持續了好長一段時間。我就像個小士兵一樣，一直深信自己無堅不催。但現在職場上遇到的問題反過來擊垮了我。很長一段時間，我一直被上司精神騷擾，導致我患有職業倦怠。因此我展開了治療內在小孩的療程。第一年，心理師在我成為職場騷擾的受害者抗爭中，給予了我大力的支持。不過過程中費盡了我所有的力氣，導致我花了兩年才重拾自信以及重建自尊。讓我最痛苦認知到的一件事就是，我這樣的崩潰，原因其實是來自於父母過去的教育在我人生中所扮演的角色。小時候父母不斷地在我的心中塑造一種我是「刀槍不入」的堅強假象，將我教育成一個冷漠士兵。而在成長過程中，我心力都投注在長成那個似乎可以滿足他們希望的那個人。

如今，我更知道自己是誰了，也已把最恐怖的惡夢拋在腦後了，就是那種長久以來被父母精神騷擾，一直要成為他們理想中的士兵形象。現在我能夠感受到自己心中的小法蘭辛，較少受到父母的精神騷擾，也不想再去符合他們的理想形象了。

與自己的順應小孩和平共處

生命軌跡解釋了生存與自保策略建構的重要性及必要性。儘管過度適應是苦痛的，但也是內在小孩適應能力與智慧的展現，確保自己得以生存下去。

對心理學家皮亞傑而言，兒童的智力發展仰賴於人際間的「內化」與外在「適應」，也就是以吸收和內化，跟親友、社會乃至社會環境的互動來適應外在世界。而自我調適，就是以自己的方式轉譯新訊息。假如在幼孩時期就過度適應，讓自己去符合那些外在的期望與要求，這已經違背他的本質了；更何況是成人，過度的自我調適更是痛苦。不過，重新使自己的心靈適應新的訊息，及更尊重自己心靈內在循環的新知，便能改善在人際關係中所面臨的困擾。

成人內心裡那個永恆小孩並非我們的敵人。他其實可以變成在你耳邊輕聲說「現在是改變人生的時候了」的那個好友。而順應小孩的特性，如自我催眠和後設策略，實際上都是在提醒我們每個人生命中的真正課題，那就是：拯救你的內在小孩。也就是如何用體認自己敏感、脆弱的那一面，來與自我重新交織出一段新關係。這也是對自己的過往經歷重新負起責任，尊重自己真實內在、創建一段健康的親子關係的最好方法。當一個成人在父母面前大部分的時間（有時更是隱性的）仍保持永恆小孩的樣子，那麼他就會淪為一種二分模式的獄囚——處於幼兒化的成人與親職化的成人之間，使他在人際關係以及存在意義上遭受很大的挫折。

第五章

幼兒化成人

我們之所以稱家族為一個「圈」，是因為那就是把小孩圈限起來之所在。

—— 喬治・布雷蕭

迴圈牢籠

修剪家族樹

家族就像是一棵漂亮的樹，每年到了春天各個枝枒都含苞待放。冬末時，如果我們靠近仔細觀察，樹稍其實都是斷裂的枝頭，乾枯凋萎。無綠葉滋長，也無鮮花綻放，更無果實在這些蜷曲的樹梢上重生之跡象。然而，對於這些自然樣貌的掌握，園丁比誰都清楚。

心理師就如同家庭關係的園丁，為了將這棵樹的汁液輸送、導向新的、更有希望的新芽，他會建議修剪，去除無法再生、乾枯的枝枒。親子關係也許是一種暴力以及苦痛的相處模式，卻也可以轉換成一種新的自由模式，讓每個人都有表達自己、肯定自己，以及相互鼓勵的作用。

如果不去修剪這棵樹，會發生什麼事呢？這棵正在成長、衰老的樹，輪廓與結構將會變得越來越模糊不清。許多樹枝開始恣意亂竄增生、糾纏不清，導致整個樹的結構失衡；陽光、空氣以及水便無法自在輸送；花朵、果實也停止生長，而樹，則漸漸枯萎。修剪家庭樹，便是要讓樹懷抱著期待，迎接即將到來的果實。這位像園丁的心理師，就是要呈現這種家族關係裡極為生動的創造性，並期許他們一個不可思議的未來。

然而，太多的家族樹正面臨著家庭關係上或是跨世代間的封閉狀態。愛卡因姆提及「這樣封閉的系統，會在兩個個體的互補作用中鞏固，且把雙方關在一種病態的循環中。」[1]幼兒化的成人（adulte infantilisé）就是那個被困在強大家庭系統中的永恆小孩。他在這棵樹裡被判定為無法再生的嫩枝，其功能也只在為其他家人輸送汁液。他擁有自己的生命原動力以及創造力的權利將被剝奪。於是幼兒化的成人就活在一個迴狀的封閉系統中，逕自在既定的邊緣更迭繞轉。通常他和前父母的關係，也會反映到生命經歷裡的遞迴效應，一再地反覆上演。

那我們該如何破解這個詛咒，重新找回自己最核心的完整性及自由呢？以下是朱利安（Julien）的案例，顯示出我們要重建、掌控自己內在成人的一種普遍性的問題。

「唐吉」現象？

法國電影《唐吉》（*Tanguy*）講述一位年輕人畢業後仍繼續住在父母家生活的故事①。在我們社會集體無意識裡，他就像是一個半成人、半小孩的個體，既無法獨立自主也無法自我承擔責任。實際數據顯示，二〇一一年在法國有十一．六％的二十五到三十四歲成人，是處於跟唐吉一樣的狀況，數量上相較於二〇〇七年的百分之八增長了不少。這些和「唐吉」一樣的成人，是拒絕長大的，只想著享受經濟上與物質上的優渥，當然越久越好。在最新一部二〇一九年拍的續集《是家人就不要住在一起》（*Tanguy, le retour*），導演艾迪安・夏帝耶（Étienne Chatiliez）生動描繪了另一個成人在離家一段時間後，又回到自己的父母家生活的「成人小孩」現象。但事實並不像這兩部電影描述的那樣，把這種回歸父母家庭的現象歸納成子女做出選擇後的結果，在我們看來，這很明顯是因為家庭系統的功能失調。

而尋求諮詢的朱利安，他的親身經歷為我們說明了「回到父母身邊」這種現象的複雜性：

我現在已經五十好幾了。從我二十八歲離開家後，就開始跟我當時的女朋友同居。我們之後結婚，生活了二十年後以離婚收場。我目前是兩個孩子的爸，沒有房子，也沒有工作。那時候對我而言，回到媽媽家住好像就是我唯一的選擇。我目前

① 這是來自導演艾迪安・夏帝耶（Étienne Chatiliez）的喜劇《唐吉》（又譯做《三十而立》），在法國於二〇〇一年上映。

回到了我青少年時期的房間，那個在我十五歲時爸爸幫我精心布置好的小閣樓。更奇怪的是，大我四歲的姊姊剛好在同一時間也失業了，也同樣回到家裡來住。她也跟我一樣，回到自己小時候的房間，也是爸爸裝潢的。他以前把我們家當作自己的裝修工作室，花了很多時間在裡面敲敲打打，讓整個居住空間煥然一新。

看到這裡，我們很自然地會覺得，基於私人因素或是經濟因素而決定回家住是再正常不過的了；但千萬別低估了這個決定是如何對應到家庭功能失調、甚至擴大這樣的現象。朱利安回家住沒多久，很快地就發現自己處於內在小孩失神、受催眠的狀態，正經歷著人生倒退的狀況：

在重新搬回媽媽家之際，我感受到一股強烈的退化感覺，就像是倒退到幼兒時期一樣。不過說起來，我從以前到現在就一直都有這樣的感受，尤其是在跟媽媽和姊姊講話的時候。只要聽到稀鬆平常的日常生活的聲音，像是洗碗的聲音、挪動椅子的聲響，電視發出來的聲音，和媽媽姊姊談論吵架的聲音……這些都把我帶回我的童年，帶回到那些我乖乖遵守父母要求的時期，像是日常中的批評與指責，讓我明白了他們真正要的是一個聽話的小孩，一個安安靜靜、不吵也不鬧，一個讓他們帶出門有面子的小孩。

而幼兒化的成人並不是像「唐吉」那樣，盡可能想要從父母那裡得到對自己有利的東西，並且越久越好。這種形象只是一種迷思罷了。如同朱利安，現實生活中很多成人都成了被自己的過往定罪的囚犯。在此案例中，點出了一個非常核心的問題：在這個家庭裡存在的「未解決狀態」（non résolu）到底在扮演什麼樣的角色呢？

創傷事件

朱利安在想要重新抓取自己人生的韁繩這件事上，感到非常無力，而這份無力感，其實是跟懼怕混淆在一起，正一點一滴像毒藥般地削弱他：

在這棟房子裡，我的身體就會不聽使喚變得僵硬不自然，也不能有更放鬆的談話。我試圖保持冷靜，讓自己表現得很乖、也不發出太多的聲響，深怕打擾到家裡的人，像是被某種懼怕震懾住了，好不自在。我變成了那個不怎麼說話、過於敏感，沒有自己空間、零存在感的透明孩子。我有種身心被什麼東西束縛住的感覺，不可以講話、不可以隨意走動。大多數在家裡的時間，我都是呆坐在我的書桌前度過的。

在那裡，至少是我自己一個人的孤獨時刻，能夠找到心理平靜的避風港。不過這樣做之後，每次我都得花很大的力氣才能再次跟外界接觸，和他人重建關係。把自己暴露在一個完全未知的世界，讓我覺得既危險又焦慮，我為自己的存在，感到非常不安和羞愧，沒有半點分量。

幼兒化成人會察覺到外在世界是危險的，因為從以前他就一直活在家庭的庇護下。朱利安很清楚知道和外界接觸其實並沒有那麼可怕，然而他卻感覺若是出了家庭系統外，自己就沒有任何著力點，因為他的家庭比任何事物都來得強大。這個狀態也揭露出朱利安對自己在生活裡「沒有地位」這個想法，限制了他的想像力，也使他以極端的方式將自我隔離起來。另一方面，我們發現在他的家庭裡，所有人的溝通與社交能力都有弱化的情形，彷彿被凍結在某個時空，卻從沒有任何人提起：

我開始逃避所有跟媽媽、姊姊的交集狀態，在家裡我避免遇到她們，幾乎是連打招呼都不打的情形。為了避免所有她們會跟我講話的機會，我會帶起耳機，順便遮掩家裡出現的噪音。我在家裡的時候大多時間都是把自己關在房裡，這種氣氛讓我想起我爸在我十九歲時自殺後發生的事。他先用了他那些裝潢器具中的機器割開自己的血管，然後再在自己的工作室裡上吊自殺。那天，我媽比我放學的時間早一點回到家，發現了他已經沒有氣息。從此以後，我的世界就這樣沉重了起來，也從未有任何人開口提過自殺事件。

在朱利安的人生歷程中，爸爸自殺的事成了一個不能說的祕密。如果真的要講出來，大多以無關緊要的態度說出。他把自己放空，斷開自己所有的感受。任何怨氣或悲傷都無法言喻。而恐懼和消沉在他生活中無所不在，能以任何方式呈現。

情緒失調源自於個人生命中未解決的創傷經歷。幼兒化成人可以看作是一個被削弱的人，他給自己的牢籠是情緒上的，是情感囚禁了他；連最根本的個體生命力也一同被壓縮。

情緒失調

幼兒化成人的情緒牢籠，會削弱人與生俱來對自我情緒調節的能力。而許多懸而未決的往事，會讓個體卡在某個時間點、動彈不得。因此，若能將情緒阻斷的部分解除，就會是心理治療成功的關鍵之一。

情感（affects）是一種身體裡天生的機制，是情緒（émotions）和感受

（sentiments）的起源。情感是生理的，感受是心理的，而情緒，是生理的。布雷蕭進一步說明：「就像是生命的引擎核心缺少了燃料；若沒有情感，就沒有情緒，也沒有動力。」[2]

在朱利安身上我們可以看到，他確實少了把自己的人生掌握在手上的燃油。若將他的狀況比照我們普遍有的情感清單，他的狀況其實很明顯是情緒失調。

■八種情感類型

美國精神學家湯姆金斯（Silvan Tomkins）將每個情感用兩個形容詞來形容，它們代表情感的兩種極端值，一個表示一般狀態，另一個是最強烈的狀態。唯獨「厭惡」只有一個形容詞來描述情感狀態。

焦慮／苦惱
害怕／恐懼
憤怒／狂怒
羞恥／屈辱
厭惡

湯姆金斯將這五種視為負向情緒

驚訝／驚動

湯姆金斯將這兩種視為中性

有趣／興奮
喜悅／愉悅

湯姆金斯將這兩種視為正向情緒

朱利安大部分的行為，都是因為對成年生活應有的責任感以及自己所嚮往的自由感到害怕與恐懼，而他表面的冷漠僅是用來遮掩自己的恐懼。不過他有時也會被一個計畫、一種想法或是一場特別的討論所帶來強烈的興奮感而沖昏了頭。因為「害怕」和「興奮」兩種情感在他的生活中無法平衡，使他在人生的道路上裹足不前。

在朱利安身上，我們看到湯姆金斯所提出的「害怕」和「有趣」兩種情感，癱瘓了他在人生中前進的動力。

經過一段時間以後，朱利安漸漸能夠進入到自己十九歲青少年時期的情緒裡，像是憤怒與哀傷。而當自己腦中重現面對父親自殺的那一幕時，他也感覺到自己有所進步：

我目前試著多從事戶外活動、跟朋友密切聯繫，也和我內心的小朱利安保持情感聯繫。我試著安撫他並向他保證，我和外界聯繫所建立的新人際關係，是為了讓他可以受到保護。為了不再讓他感到孤單或被拋棄，我和他肩並肩一起面對一切，也陸續展開求職行動。現在，我對於終於能夠掌控自己的人生，有一種新鮮卻也震撼的感受。

朱利安在情感調節上的進步，為他帶來了許多新的機會，而現在就只剩下他在家庭系統中相關功能的探索了。如同希臘神話裡薛西弗斯所受到的懲罰，幼兒化成人彷彿得一直背負著一種任務、一種生命重擔。

薛西弗斯的神話

薛西弗斯（Sisyphe）是特薩羅琳（Thessalonie）之王，風神埃俄羅斯（Éole）和厄那瑞忒（Énarété）之子，亦是科林斯（Corinthe）[②]創建者。薛西弗斯向河神阿索波斯（Asopos）透露，他的女兒被眾神之神宙斯以老鷹的型態綁架了，他向河神提供情報，而索求的報酬是一口永不乾涸的水源。於是，河神順利地趕走了宙斯，即時解救了自己的女兒。然而當宙斯知道是薛西弗斯在背後搞鬼時，憤怒不已。於是派死神桑納托斯（Thanatos）去懲罰他。薛西弗斯雖然好幾次都成功地逃脫了死亡的命運，但最後終究被判處了永生都要把不斷重複滾落的巨石推到山頂上的刑罰。得罪宙斯的他，每每要重新下山、重複那毫無用途與意義的動作，這是對他永恆的懲罰。

法國作家阿爾貝・卡繆分析：「正因為薛西弗斯這樣的來回反覆、停歇，我開始對他產生了興趣。這張緊貼著石頭、飽受折磨的臉龐，本身就已經成了一顆石頭了！我看到這個男人以沉重的步伐下山，如同踏著步伐邁向永遠未知與無盡的折磨。此時，在每一次急促的喘息間，卻也能夠確定在這個當下，既是他的不幸，也是意識覺醒的時刻。在每個這樣的時刻裡，無論是從山頂離開，或朝向眾神的巢穴逐漸深入，肉身勞動的他，比自己的命運更高尚，也比自己搬運的大石更堅強。」[3]文末，卡繆更補充：「薛西弗斯教導了我們一種對命運否定的高尚堅持，也就是否定諸神以及不斷抬起巨石的那份堅定。……所以我們應該要認為薛西弗斯，是幸福的。」

在此，我們把薛西弗斯的神話，拿到家庭功能失調的框架下討論。神話故事中所提到的個體自由以及忠於自己的概念，正是反對系統中隱形期望迫切需求之力量。同樣的難題其實也在朱利安的故事裡出現，點出了人生另一個重要課題：「我到底該忠於何人、何事呢？」

家族治療師愛卡因姆認為：「我們通常是由某種隱性的連結和父母綁在一起；舉例來說，如果我們因為比自己的父母走到更遠的地方冒險，或者我們去到那些他們沒有成功到過的地方，就會有種背叛他們的感受。不過，在這個情況下，儘管意識到這種相互痛苦牽制的循環，有時卻也能夠幫助我們放膽去追求其他的事

---

② 古希臘文為 Κόρινθος，在聖經中文版裡譯作歌林多。

物……。」[4]因此像薛西弗斯那般，釐清自己在家庭功能失調裡所扮演的角色，而站上了能夠改變、跳脫現狀的跳板。當我們開始意識到自己處境的荒謬性時，最終也能夠以接納而非屈服的形式看待事物。在這個當下，我們會有一種前所未有的行動，去衝破以往那顆「負面忠誠」的大石。

在另外一次的療程中，朱利安跟我們更新了他家裡的相處情況，尤其是和父親有關的那種「病態契約」般連結的部分。

病態契約

為了讓自己從現有的家庭狀態解脫，朱利安向媽媽和姊姊說明了全家一起參加家庭治療的提議。第一時間她們都答應了，不過也很快就反悔了。朱利安忿忿地帶著怒氣來到了診間，劈頭就說：「不管怎麼樣，我都會繼續進行我的新計畫。」

心理師：「是哪一個計畫呢？」

朱利安：「在奧弗涅（Auvergne）③買下一座農場。」

心理師：「要拿來做什麼用呢？」

朱利安：「不知道。這樣的話我可以更接近大自然與土地，也可以在家裡接待我的小孩，不再需要到我媽媽家了。」

心理師：「已經跟小孩們說過了嗎？」

朱利安：「已經說了。」

心理師：「結果呢？」

朱利安：「他們沒興趣。」

心理師：「是什麼原因呢？」

朱利安：「他們不想要，跟我說：『不想老死在那』。」

心理師：「那為什麼會特別是奧弗涅呢？」

朱利安（沉默）：「……我不知道。我爸以前很喜歡奧弗涅，他是在那個地區出生長大的。」

心理師：「這個計畫聽起來不太尋常。您的爸爸以前在奧弗涅有定居過嗎？」

朱利安：「是我父親生前一直很想要做的事。他常跟我說他自己的農場被父母侵佔了。雖然他放假很常回去，但往往都是以跟他弟兄無止盡的爭吵而收場。他從來都不認同家族管理土地的方式，每次也都跟我說他比他的農夫弟弟更知道怎麼處

---

③ 奧弗涅為法國中部內陸地區，二〇一六年與里昂所在之隆-阿爾卑斯地區合併為奧弗涅-隆-阿爾卑斯行政區。

理。」

心理師：「您認為這些事件跟他的自殺有關嗎？」

此時此刻，朱利安顯然覺得尷尬無比，被這個問題問得不知所措。他開始不說話，在自己的思考中出了神。過一會，他把話題又帶到父親上，心境上明顯有所動搖。

朱利安：「在我爸死前的兩個星期，他要我跟他一起去奧弗涅。我當時不明白去那裡要做什麼，而我又正好在準備考試。我一直非常認真努力讀書，就像他一直要求我的那樣。不過，就在那時，我的考試好像對他來說一點都不重要了。所以我拒絕了他，而他便自己一個人出發了。」

心理師：「之後發生了什麼事？」

朱利安：「他回來後就自殺了。」

心理師：「您想在奧弗涅買農場的這個想法，似乎是想要展現你對你爸爸忠心耿耿，但是，到底是什麼原因讓你對他那麼忠誠呢？」

朱利安：「您想說的是，我對於他那個不被認同的志願很忠心。」

心理師：「沒錯。」

朱利安：「我現在想起來，他最後一通從奧弗涅打回家裡的電話。在電話中，我感到他那份對土地的熱愛，以及那種迫不及待想要跟我分享的心意。我突然覺得從以前到現在，我跟他的那些相處交談瞬間變得虛假不實，他教育我的那些價值根本就不是他自己所認同的。」

心理師：「說實在我不禁會想，這通電話對您的衝擊還有他對您那麼特殊的語氣究竟意味著什麼。我想，這通電話會讓您接受到一種感受，感受到您好像終於認識到那位被埋沒在怨恨裡真正的爸爸，要您接住的是在諮詢中經常提到的那份怨懟與悲傷。」（沉默）。

朱利安：「但他人已經死了。這個談話結束後沒多久他就自殺了。」

心理師：「是。而他的死將您一同密封在一種病態的契約中。」

朱利安：「不管我做什麼都無法挽回我爸這個人或是他胎死腹中的計畫了。我很常把自己封閉起來，心底祕密地想著該如何修補那些他曾經受的苦痛。」

心理師：「我想請您寫出那份契約。那份在您自己心中和往生的爸爸，在這所有事情發生後所立的契約。您可以把這份文件帶到他的墳前。接下來，您再寫一份新的文字，和他建立一種新的聯盟關係。在這份文件裡，您可以歌頌個體生命的獨特與珍貴，以這樣的方式來認可您父親，儘管他沒有將此實現，但那卻是個值得尊敬且相當正當的嚮往。您也可以將自己對生命的憧憬以及那些和您父親不同的願望全部寫下來。」

我們在朱利安身上，看到的是一個幼兒化成人被一種具有毀滅性的忠誠束縛住的狀況。心理學家杜可莫・娜吉（Catherine Ducommun-Nagy）④解釋道：「當一個受到傷害的人，會很直接地聲討補償，會將自己從不公不義的過往矯正回來的希望，寄託在自己的伴侶以及小孩身上。在這個情況下，伴侶也許會表示不願意配合這種期望，但孩子方面，卻很有可能出自於天生的大方以及忠誠度而去回應家長的需求。也因為小孩有時間、有餘力，所以經常被利用。在很多情況下，我們理應感激孩子的所作所為，但到頭來，大人更可能責備他是慌亂製造者，小孩因此被迫承受這樣不公的指責。」[5]

這種父親所遺留下的明示或暗示的生前契約，締結在過世不久前所發生的事件上，對子女的人生是非常糟糕且不利的。在這個被事件嚴重烙印的時空背景下，看似所有合理的反對與反抗都是不被允許的。一旦契約締結後，忠誠的義務成了永恆誓言，並深深烙印在家庭的中心，家屬對於自己在死者病榻旁的發誓更難以反悔。

而對小孩來說，服從父母權威以及背負隱形的親情債，會在他身上形成一種不真實的生活氛圍。精神科醫師威廉．賴希（Wilhelm Riech）明確指出：「無力感的出現是一種對生活感到不真實的結果；就像是對於那些我們尚未構想出的事物，實質上我們也無法駕馭它們。」受到幼兒化成人狀態限制住的人，很容易被責備為一個不成熟的人。我們常指責他們表現得像幼兒或青少年，責怪他們不想長大。不過，這些評論不盡正確。矛盾的地方在於，一位幼兒化的成人不是被投注太多，就是太少的關愛，且無論如何他都得背著修行苦煉的重擔。

至今，朱利安也持續自我解放，試著找回自我存在的力量。他並沒有放棄讓媽媽和姊姊一起做家庭諮商的念頭，想盡辦法讓她們一起把多年來父親自殺造成的衝擊給驅除。目前朱利安正在參加一個他非常熱愛的進修課程，這也開拓了他職涯發展的前景；他放棄了在奧弗涅的農場計畫，也正準備要永遠搬出家裡。

④受訓於瑞士，精神病學家、家庭治療師，專長為情境治療、青少年家庭問題、家庭忠誠問題。

永恆小孩的依賴

承認永恆小孩的依賴性

幼兒化成人被父母要求，必須對他們有一定程度的依賴。這種永恆小孩的依賴性，根植在許多不同的情感缺乏以及懸而未解的往事之中。所以幼兒化成人基本上是一直處在不安的狀態中。他的情緒、想法、行為乃至於人際關係，都受一種焦慮的依附關係所困擾。而在生活上也會不斷遇到無法鞏固、合理化自己的人格或其完整性的種種難題。

下列的測驗會幫助你辨認出哪些是對自己父母（或其一）有著依賴關係的特徵。

測驗：永恆小孩的依賴徵兆與程度

下列有十二種依賴徵兆。若你認為大部分認同，請勾選「是」。若情況相反，請勾選「否」。

1

我在做個人決定的時候有困難。我沒有安全感，也會焦慮。躊躇、猶豫不決，我常常無法下決定。我會轉向父／母並詢問他／她是怎麼想的。

是 □ 否 □

2

我對於負起自己的責任這件事有困難。我尋求父／母的支持或將自己一些責任推卸到他／她身上。

是 □ 否 □

3

在父／母面前我沒有勇氣去持有自己的意見，或我沒有個人確定觀感。我會配合父／母來得到徵求他／她的同意或情感。

是 □ 否 □

4

我很在意父／母的眼光。他／她怎麼看我非常重要，我也會向他／她表現出忠誠的樣子，維持形象來符合他的期待，希望他看重我。

是 □ 否 □

5

想到父／母有一天會走，我就很焦慮。我害怕被拋棄、變成一個人。或是，因為父／母親的去世，讓我陷入了長達好幾年憂鬱期。

是 □ 否 □

6

我在情感上非常地不穩定，我沒辦法投入或是建立一段戀愛關係。

是 □ 否 □

7

在我和父／母親的關係裡，我的情緒起伏非常大。

是 □ 否 □

8

沒有父／母親對我愛的證明讓我很焦慮、慌張或是惱怒。我經常需要有個父／母親的行動、一句話或是一個愛的證明。

是 □ 否 □

9

我很頻繁地感受到一陣苦痛的空虛或是苦惱。這會導致我推掉所有的活動，逃離自己所有的人際關係。

是 □ 否 □

10

我很頻繁地覺得我的人生就是一團亂，沒有意義。這會導致我推掉所有的活動及逃離自己所有的人際關係。

是 □ 否 □

11

我感覺自己很容易被操控。我傾向將自我忘在一旁，只想要討父／母的歡心，我也不去質疑他／她的動機。

是 □ 否 □

12

我一直想要知道，在我和父／母親的關係中，我到底是誰。

是 □ 否 □

假如無法承認自己在親子關係裡正處在一種極為不公平的狀況，或是擁有三種負面的幼兒化構成要素，那麼其實很難將自己從永恆小孩的依賴性中解放出來。

成人幼兒化三要素

在前親子關係裡，永恆小孩的依賴性，主要是由：權力、依賴、從屬三種要素的交互作用所構成。

權力

父母對小孩來說，象徵著一種不對等又具有階級性的權威。

四十二歲的克里斯強（Christian）回想起在家族聚餐時的場景：

我爺爺在家裡一直都扮演著大家長的角色。在家族聚會時，總是坐在長方形餐桌的那端，大部分的時間不說話，只靜靜地觀察著我們。當我們跟他說話時，他只會挑他認為有意義的話題回應。大部分的時間，他會以淺淺的微笑或是稍微點頭表示同意，或是噘嘴表示不同意話題並希望我們結束討論。他在家中這般權威的表現一直持續到他去世為止。直到那時候我才發覺到我爺爺在所有家人身上施展的權力，其實是一種對我全家人包括我父母、叔父阿姨施行恐嚇的手段，讓他們在他面前，表現得像個乖順的小孩。

依賴

依賴有多重型態，透過關愛的、道德的、智慧的、經濟的……關係，將個體和他人連結在一起。前小孩會隨著父母而產生不同的依賴型態，主要是因為父母常無視於子女與自身之間的差異，而展現出一種佔有性的依附情結，讓自己好過一點。

兒科專家法蘭絲瓦・多爾多（Françoise Dolto）在此議題上表示：「若我們多向父母展現更多自己的內涵，也許他們的佔有慾就會少一點；而做父母的也比較不會對小孩有太多批評，更不會把下一代拿來跟自己作比較，或是把他們期待的樣子加諸在孩子身上。如此一來，他們也比較能接納孩子依自己的特質成長，更讓他／她有機會去認識一些志同道合的人。」[6]

從屬狀態（Sujétion）

不過，前小孩依然會在生活中的某些特定層面服從於家長的權威。像三十五歲的尚（Jean）跟我們描述，他的父母在他生活裡有種很微妙的支配權力：

我父母一直以來都會給我錢。他們的經濟算是富裕，我也從來沒有質疑過這樣的行為，對我來說也沒什麼不好。然而當我兩個兒子出生以後，我開始對於每個月還會從他們那裡收到一筆可觀的零用錢感到非常不自在，感覺自己被看成是一個沒有能力供給小孩日常需求的爸爸。之後，在我離婚的時候，這種不自在的感覺越來越強烈。我父母匯給我的錢越來越多，他們去學校接小孩，幫他們買衣服之類的，開始負擔起一部分養育的責任，在不知不覺中取代了我當爸爸的地位。我剛開始還是讓他們這樣做，不過這種狀況讓我越來越不對勁。直到後來，我爸開始想要付我兩個小孩全部的學雜費，而我媽也提議我「為了小孩」搬到他們家裡住。這兩件事發生之後，我心中才萌生了危機感。

我已經忍無可忍了，恨不得能夠把這種親子關係給了結掉。而在療程中，我開始針對我的依賴性進行反思。我發覺自己其實會把依賴性和被否認這兩件事綁在一起。……小時候我爸常打我，但我都當作沒發生過，也沒跟任何人說過。我之所以會依賴他們最大的原因，也許就是在我們的關係中有過施暴的事實吧。我在父母面前只會保持沉默，深信他們是比我還成熟、負責任的大人，也比我更知道如何待人處世。不過當我能夠接納自己內心那個受虐的我之後，這整個偌大的謊言在瞬間被戳破。

對很多人來說，權力展現、依賴狀態，還有從屬狀態，在父母職責或子女職責當中都是理所當然的存在，幾乎很少被質疑或被推翻；卻同時也在父母與子女之間，產生一種對雙方都不利的不對等關係。

祕密從屬

永恆小孩依賴狀態的產生，常是因為沒有意識到自己在面對年幼時的苦痛經驗，拒絕放下自己對父母職責的執著與迷思，也許因為這樣子做能讓他們感覺舒坦一點。很多成人會對自己的父母潛意識地製造出從屬地位。他們察覺不到父母對他造成傷害的習慣，也掩蓋了把自己幼兒化的行為。有些人會在跟父母互動後察覺到自己渾身不自在、緊繃、疲倦或是憂鬱，但卻無以名狀，說不出個所以然來。

而幼兒化成人一直都是跟自己父母的形象緊緊相連在一起的。他不會去推翻父母加諸於他的那些既有秩序，反而相信父母加在他身上的這些規矩是他們的本分，也是正當的，還會說服自己這種關係模式有很多好處。

前小孩的從屬關係模式之所以會發生，是因為童年時期在親情上有所匱乏，或在心裡仍有尚未解決的不當經驗。這對於成年人的自我肯定與分辨的能力，有著關鍵性的影響。尤其在成人化自我獨立的過程裡，很多前所未見的設定會漸漸出現，像是加深了依賴程度以及「偽獨立自主」狀態的發生。在這段期間，前小孩與前父母狀似將彼此困在一種「皺摺關係」裡。

皺摺關係

延期又複雜的過渡階段

在現今社會，年輕人自我獨立化的重要階段，或從父母家裡搬出去，似乎無法像過去一樣足以徹底改變親子之間的關係。在法國，孩子離家自立更生的平均年齡為二十三點六歲，但這也不是最精確的數字。有時候，年輕人會視他們個人或職場經歷來來回回地住在父母家裡，像是失戀、換工作等。這種依賴與獨立之間的交替狀態，就像彈奏手風琴一樣反覆壓縮與拉扯的關係。

從青少年時期過渡到成人狀態，是一種展現許多舊有傳統價值的人生階段。心理學家和家族治療師賽巴斯提安・杜朋（Sébastien Dupont）提醒我們：「現代社會和傳統社會一樣，『為人父母』一直是獲得成人地位的主要門檻。它會使血緣秩序重新洗牌：年輕的一代，本身仍是自己父母的小孩，如今輪到他為人父母時，將被賦予另一種血緣責任，讓他們得去依賴自己的小孩。這就是親職轉換交接到下一代的過渡期。」我們一般都會把親職以及成人的社會地位混為一談，提高子女對父母的依賴度，表示一個成人只有在有了小孩之後，才能變成真正的大人。

因此，當今年輕成人的社會地位變得曖昧不明，既不是小孩，也不是大人。這只會讓一系列複雜的情況持續好幾年的時間，像是許多年輕成人：

- 居住的地方是由父母經濟援助，或是跟大家族裡的某位家人同住（祖父母、叔叔、阿姨、表兄弟姐妹等）；
- 和／或性生活是發生於和父母同住的屋簷下；
- 和／或已經有工作了，經濟上卻仍是依賴家族。

這些矛盾的情況會一直讓年輕人徘徊在獨立及依賴的邊緣，無法讓生命自我分化，成長為大人。若家庭經常被想像成一個遇到困難時能夠撤退回歸的安全地方，那麼這會使得年輕成人的獨立人生開始得更晚。延長和父母同住的時間，並不利於建立個人獨立發展與原生家庭生活模式的界線。某些舊有的習慣以及家庭儀式的持續存在，反而會使家人之間的關係變質。

變質的關係

阿爾貝（Albert）今年五十八歲。他剛賣掉自己生意很好的公司，正在為自己的未來重新規劃。阿爾貝過去對那些流傳好幾世代、根深柢固的家庭文化價值非常忠實，而最近卻試圖在他的存在價值裡找尋一種新的意義。他想要嘗試做一個和他一直嚮往的人生比較相符的工作。他希望能再次找到新衝勁，開啟人生的第二春。然而，他卻發現自己受到家庭的牽制。他兩個孩子二十九歲的瑪農（Manon）和二十五歲的勞倫（Laurent）在國外受完教育後，陸續開始工作並搬回他家裡同住。這個狀況已經持續了兩年的時間，讓阿爾貝心裡感到無比沉重。因此三個人開始進行家族治療諮商。

在第一次晤談中，每個人都說出了自己的想法與感受。

心理師：「阿爾貝，您為什麼會想要提議進行諮商呢？」

阿爾貝：「我發現我們兩代同堂的狀況並不是很正常。」

心理師：「哪一方面不正常呢？」

阿爾貝：「我住在自己的家裡，卻沒辦法享受在家裡的自在感。兩個小孩搬回來以後，自己的空間被壓縮，好不自在。我感覺自己被我所扮演的父親角色給絆住了，一直覺得哪裡做得不夠。」

心理師：「為什麼您認為自己做得不夠呢？」

阿爾貝：「我一直覺得我好像做錯了什麼。我很希望我的小孩們獨立自主並長出自己的翅膀任意遨翔。我對於自己在這方面沒有盡到責任而感到痛苦。」（女兒瑪農對於這幾句話有所反應。）

心理師：「瑪農，妳感覺如何？」

瑪農：「我不覺得這是爸爸的錯。自從跟媽媽離婚以後，我爸一直都很盡責。」

心理師：「那妳對於和爸爸弟弟同住的生活感覺如何？」

瑪農：「很差。我並沒有很想住在家裡。我十九歲就離家到倫敦讀書了。二十二歲時回到法國，我找了個分租的地方住了下來，但是我的工作跟室友的作息合不來。我是劇團演員，為了把握試鏡機會，所以我就回爸爸家住。」

心理師：「那要怎麼解釋妳這種不自在感呢？」

瑪農：「自從我搬回爸爸家住以後，像是開啟了生存模式，對我自己開始有疏離感，變得不像我自己……感覺喘不過氣來，很沮喪。」

心理師：「妳的語氣蠻強烈的。」

瑪農：「沒錯，我就是這個意思。」（阿爾貝的臉逐漸扭曲。）

心理師：「那勞倫你呢？這個兩代同居的經驗如何？」

勞倫（展現出一種理性的態度，與父親和姊姊的情緒起伏形成強烈的對比）：「很好啊。不管怎樣，我在外面有我自己的生活。我創了一家資訊公司，而且如果有空的話，我會儘量跟朋友出去。我也常外宿朋友家。」

心理師：「那你對姊姊講的話不在意嗎？」

勞倫：「完全不在意。我不知道她還住在她爸爸家裡做什麼？」

瑪農反駁：「對啊，就你最輕鬆。幫我爸洗衣服、買菜、煮飯，我們的整個公寓都是我在打理。」

心理師：「瑪農，有沒有注意到妳剛剛說『我們』的公寓還有『我爸』？」

瑪農：「對，我意識到我所扮演的角色對我來說很不公平，就好像是我在取代媽媽的位置一樣，但我受不了了。」

心理師：「而勞倫你，剛剛是說了『她爸』。」

勞倫：「沒錯。」

阿爾貝很快地插嘴進入話題：「在家裡時，勞倫不是在他的房間範圍活動，就是在外面。他也不跟我們交談，我幾乎不知道他的生活是什麼樣子。我對他的付出，就僅僅是幫他付錢而已。」

勞倫迅速回應：「不要把我和瑪農相提並論。我只有二十五歲，我還有權利擁有經濟支援。」

心理師：「那您可以跟我說明一下你們兩代的同居生活是誰在理財呢？」

阿爾貝：「我會支付兩個小孩大部分的生活開銷：房租，伙食等。他們光靠那一點點微薄薪水是沒辦法自立更生的。」

在第一次的療程尾聲，瑪農看似讓自己負起了在這個家中許多勞力上以及情緒上的重任。阿爾貝則是負起了兩個小孩的日常生活經濟開銷，讓他覺得苦悶。而從這些家庭責任分擔來看，這對父女之間有著很強烈的連結，彼此都知道生活上的難處，在經濟層面上以及情緒上是相互扶持的狀態。而兒子的反應是直接對應到了父女間的關係，相輔相成。勞倫刻意讓自己疏遠家裡，卻堅持自己有繼續得到家庭支助的正當理由。他們三人相互交流後，表明了彼此的關係已經變質，顯示三個人都順從了那個讓彼此維持在高度依賴狀態的家庭模式裡。

區分親子關係與情感連結

看到這個案例，會讓我們思考，到底要如何將情感連結與親子關係作區隔呢？其實，人際關係是一種人類之間的互動與交流的總和。而一段關係，不僅建立在相互溝通上，也牽涉到個體存在的各種面向。例如價值觀、想法、意見、感受（情緒以及情感）、欲望以及需求。在關係裡，個體的責任也是很重要的。每個人都有權力決定自己與他人之間關係存在的必要與否，以及彼此間親疏狀態，進而去培養它、讓它發展。不過人際關係常常只是生命展現的冰山一角，剩下還有很多深層且複雜的連結面向仍藏於水中，沒被看見。

情感連結是最先將兩個個體連接起來的橋樑。人出生時，最初的依賴經驗先是來自於母親，再來才是父親。這樣的連結是每個人感情與能量法則的來源，通常會以安全的或焦慮的兩種基礎模式表現出來。此外，此種連結也可以視為一種在彼此之間的空間，會隨著各自背負的可能性以及限制而建立起來。

這個情感連結的空間位於以下三種面向的交會點上，分別是：代表個體的內在生命與內在心靈（intrapsychique），代表兩個不同個體的生命展現交會後的相互主體性（intersubjectif），以及在社會上展現的各種群體性（groupal）。總的來說，情感連結會在人與人之間的互動中，界定出所需佔用的空間或是如何佔用，也會去規範需要執行的職責，以及如何執行。

而家庭就像是人際關係與情感連結所拼湊出來的馬賽克，是一種所有互動、角色以及職責之聚合。不計一切代價去「組成家庭」的想法，會損害到個體的健康以及個體的解放。如同阿爾貝與兩個小孩之間，「組成家庭」對他們來說看似一種基本價值，卻造成家庭生活的裂解。

家庭生活裂解

一個家庭的裂解，最主要的症狀，就是其中一個或多個家庭成員已經有了苦痛的感受。而相較於父母所受的苦，前小孩更容易被迫自己去扮演服務家裡的職責與位置，而使他更痛苦。很多年輕成人很想要展現自己是個負責任、積極且獨立的大人狀態，卻反而因為這種自動產生的情感連結，讓他們回到永恆小孩（或青少年）的狀態。因此，他們在面對父母的親職面前，只能保持被動的立場。

家庭生活裂解的症狀，其實也意味著家人在轉換心理表徵（représentations）時遇到了困難。部分的心理治療師太過於專注在處理人際關係的難題上，而沒有對某些情感連結有利的表徵做出質疑。如阿爾貝一家，他們的親子關係，常常是在家庭系統的固有規矩下，不自覺地被情感連結所主導。而可能的解方，就在於跳脫自我與父母舊有的情感連結，使連結恢復彈性。只要與自我的情感連結越強大，那麼與父母的那種自動產生的情感連結就會越薄弱，這就是內在小孩治療最基本的目標。在面對家庭生活裂解時，調整心理表徵也變成必要的過程。

親情調整的多元表現

家庭是一個個體間不停相互作用的系統。在系統裡，只要個體有所改變，就會自然牽動到此系統裡的其他面向。我們遇到的實際狀況，像是許多家庭會以明示或暗示的方式要求心理治療師「**希望可以有所改變**（只要家中那個有問題或正在遭受考驗的人改變即可），**但又要整體家庭生活維持不變**（其他家人生活不受影響）」。這時心理師就要有所警覺，不能掉入先入為主的陷阱，認為其他家庭成員所指出其中那個「有問題的個案」，就是家庭問題的來源，否則，將難以達成任何重新協商的機會。真正讓家庭成員受苦的其實是家庭功能的失衡，而非單一個人所造成的。所以試圖轉變家庭固有功能，讓家庭裡的重要力量重回主導的慣性狀態，同時不能將任何一個家庭成員免除在外。最重要的是，要讓家庭所有成員明白，轉變已經開始了。

家庭議題一定與個別角色的多重設定有關。父母有時候可能只是扮演次要的角色，但基於父母的職責所在，卻讓自己處於議題的核心。在一個家庭裡，每個成員都有破除自己角色與形象迷思的責任。愛卡因姆表示：「接納自己『也是有極限的父母』從來就不是一件簡單的事，不過若是能做到這點，就能換來我們自己的私人空間。」[7]

阿爾貝以及女兒瑪農和小兒子勞倫在第一次的晤談中，似乎對一起找出將他們閉鎖起來的癥結點很有動力，也促成了第二次的晤談，且頗有成效。

「阿爾貝、瑪農，我想要再回來談談你們之間的相處狀況。」心理師說。

「是。」阿爾貝答。

「我發現你們父女倆的感情其實非常好，只是如今這個連結狀態讓你們感到痛苦。阿爾貝，您看起來既悲傷又愧疚。」

「對的。」

「至於瑪農呢，妳覺得自己憂鬱又壓抑。我察覺到你們對彼此都產生了疏離感。」心理師解釋著。

「是的，沒有錯。」瑪農答道。

「瑪農，我想請妳站起來然後面向爸爸。」心理師說。（阿爾貝起身和女兒面對面。瑪農看起來是高興的。）

「瑪農，我想給妳一個小小的建議。妳可以給爸爸一個擁抱，並且好好向爸爸的親職責任道別。這樣一來，妳會在心裡記住這一刻，並告訴自己妳已經是成人了，再也不需要一個額外的家長在身邊。」心理師說。

「好的，收到。」瑪農答。

（當瑪農抱住父親的瞬間，阿爾貝瞬間崩潰，潸然淚下。瑪農用全身支撐著他，把他緊緊地抱著，露出了微笑。）

「妳在做什麼呢，瑪農？」心理師向她提出疑問。

「我在讓我爸知道我愛他，還有一切都會好起來的。」瑪農答。

「那妳小時候有沒有感受過在爸爸身邊有這樣的支持呢？」心理師問道。

「嗯，好像沒有。」瑪農這時把爸爸從自己的雙臂放開。

「我只是想要維持在依賴的狀態。在爸爸的懷裡，有某部分的我感到開心，心安的感覺。然後您問我在做什麼。在剛剛那瞬間，我感覺到心裡有個小女孩一心想要跟爸爸保持很親近的狀態，接收爸爸的愛。」瑪農順其自然地答著。

「很可惜的，小瑪農內心想要得到的那份原本就不存在的愛不會在現在發生了。

那妳覺得妳能做什麼呢，瑪農？」心理師問道。

「我現在必須要接納在我小時候父親給不了愛、這種他身為父親的極限，然後繼續過我的人生。這是我現在當下體悟到的一種感受，讓胸口這裡有種舒暢的感覺。」瑪農回答。

「我也需要卸下我父親的職責。我需要告訴我自己，這跟我感受到的這份親情的愛沒有什麼太大的關係，也不會因此改變血緣關係。是時候讓我們家庭的故事翻開新頁了。」阿爾貝說。

此次的諮商，讓我們再次瞭解到那種想要修復關係幻象的有害性質。它就像強力膠一樣把我們跟我們所想像的固定角色牢牢地黏在一起。像是阿爾貝飽受那個身為父親職責的消磨，並且想要修正自己的過錯。同時，瑪農也因為自己為了父親付出了一切而感到不公平，想要藉此治癒自己內心那個小女孩。她和父親的和解，其實是因為小時候沒有受到足夠的關愛和支持，藉此讓自己心裡那個小女孩放下。而「過去沒有得到的關愛」這個議題，會永遠存在父母與子女的一生中。

所以，其實沒有任何一種人際關係或是情感連結是可以被重新創造出來的。這種想要修復的意圖，會將年輕成人打回一種沒有意義的依賴狀態，或是假性獨立自主的狀態。

假性獨立自主狀態（pseudo-autonomie）

我們來到第三次，也是最後一次家庭治療諮商時，主要集中在探討阿爾貝的小兒子勞倫在家裡不自覺扮演的角色。

「勞倫，你現在的感受如何？」心理師問。

「跟往常一樣好。」勞倫答。

「上次諮商你的感受如何？對於你爸爸跟姊姊之間的關係又是什麼感覺？」心理師接著問。

「我感覺好像跟我無關，不過對他們來說太好了。」勞倫回答道。

「我感覺你對於爸爸跟姊姊都非常忠心。」心理師說。

「完全沒有。我不知道為什麼您會這麼說。」勞倫反駁。

「是這樣的，你跟父親之間沒有任何溝通，也沒有幫過姊姊分擔家裡的事務。你只是在家裡的一個角落繼續過你的生活。我還在想，這種態度的功能是什麼呢？」心理師分析道。

「當然是變得更獨立自主啊。」勞倫答道。

「那奏效嗎？」

「我不知道，我還年輕。不過應該過幾年後，我就有能力支付我所有的開銷跟需求了。」

「你在第一次晤談時有說過，你有『受到接濟的權利』」心理師提醒勞倫。

「對。」

「阿爾貝，我想請您做一個練習。您能否跟您的兒子說，現在您要停止接濟他了？」

阿爾貝玩味地同意了這項提議，並向勞倫說：「聽著勞倫，之後你要自己想辦法了。我也必須要為我自己著想，我已經沒剩下多少錢了。」

「我不敢相信。」勞倫答。

「怎麼了呢？」心理師問。

「他就算這樣說了還是我爸，這是他應該要給我的。」勞倫不服氣地回答。

「為什麼呢？」心理師問。

「我一直都照著他期待的樣子去實踐我的人生。我努力讀書，向他看齊，跟他一樣創了我自己的公司。不管怎樣，他不能跟他爸媽一樣把他放著不管，讓他自己一個人想辦法。」勞倫說。

「阿爾貝，您是因為您的父母沒有給過您經濟支援，才想要給您兩個小孩這樣的支助嗎？您認為這是您父母職責的一部分嗎？」心理師問道。

「是，沒錯。我一直想要避免我的小孩去經歷我以前走過的難關。」

「我們可以引用心理醫生史考特．派克（Scott Peck）的話：『人生很難。這聽起來很一般，卻是一個大道理，也是最真實的道理之一；因為我們真正體會到人生，我們才可以超越它。』[8]」心理師道。

「但我並不覺得人生很難。」勞倫回答。

「你似乎在否認所有家庭中的困境。我有個想法，你想聽嗎？」

「也不是不可以啦。」勞倫答。

「我認為你現在正在扮演著跟你姊姊相對的角色。你的假性獨立，其實在跟你父親和姊姊之間的依賴情感連結作對比。你的功能就是讓你爸爸感到自己這個做父親的其實並沒有失敗。你讓自己透明化，讓你姊姊感到輕鬆，用意在於讓她相信自己還能跟爸爸修復兩人之間的關係。而你的角色就是扮演著做人失敗的那一方，好讓家裡維持一種平衡。我認為，其實你也把自己給侷限住了。」心理師分析道。

「那要怎麼做呢？」勞倫不解。

「我想你們現在已經知道重新整頓你們家庭的方法了。」

勞倫站在跟姊姊對立的地方，實際揭露了一種幼兒化所產生的矛盾結果。有些幼兒化成人會刻意去掉所有情感連結，包括和自己父母的羈絆。他們也成為反依賴的代表，讓自己和家人產生一種中立或是看似理性的距離感，但實際上是為了要遮掩他們被拋棄的心情，把自己困在一種假性的獨立狀態中。

心靈出口

那我們要如何脫離幼兒化成人的立場呢？要改善這樣的情況，就必須承認那些造成依賴連結發生的個體層面、群體層面，乃至社會層面的各項表徵。沒有永恆父母就沒有永恆小孩，反之亦如是。

由於這些自動產生的情感連結，使得想要改變或解決過往的心意與舉動都成為枉然。事實上，被困在這些角色與功能職責的個體，根本無法汲取自我生命美妙的資源，去體認獨立自主的喜悅以及與家人的結盟。不過，這種相互依存的關係是很難建立的，它需要在個體與個體間建立一種良好的關係，彼此在能夠區分、獨立以及肯定自我的條件下，互相承認雙方的成人地位。

而在幼兒化成人方面，想要修復過去的幻象，會讓他們在自己家與父母家之間來回奔波，或是乾脆回到父母家。剛成年的人或是成人，有如帶著傷生活著，期望父母會給予認可或是補償。這種皺摺關係會在依賴與假性獨立之間徘徊，而每個家庭呈現出來的方式也不盡相同。在這種關係中，前小孩會有以下特性：

- 繼續扮演著小孩的角色，願意合作支持家庭；
- 和／或消極地接收物質和／或金錢的支助；
- 和／或聲稱自己應得物質和／或金錢的支助；
- 和／或在沒有交往戀愛關係下和家人同住，並把自己孤立起來；
- 和／或拒絕父母的協助，並拒絕馬上搬離家庭居所的提議。

自我的獨立自主化是一個繁複且艱難的過程，**多半夾帶著「論功行賞」以及「債務償還」的階級關係**。如以財務、家務、社會性的、教育、情緒、職場、父母等多樣規範，來支配整個家庭。當家庭規條不再尊重家庭成員個體化的需求時，就會對所有人產生不利的影響。

阿爾貝、瑪農以及勞倫，最後成功地將他們的家庭規條以及每個人的關係界線，遵照了以下的大方向達成了協商[9]：

1. 將前小孩在父母家裡出沒的時間訂定一個合理的期限。前小孩與前父母雙方都必須協商出一個同意搬離家的確切日期。
2. 撰寫一份目標財務同意書，明確寫下所有參與人的義務。就像心理學家杜朋所強調：「父母能夠經濟支援小孩的住屋、延長學業或是補貼出社會前幾年的微薄薪水的能力，是年輕人是否能夠融入社會的重要關鍵。」[10]我們也觀察到，若是因父母離異，而經常往返兩個住所之間的子女，在剛成人時，其獨立自主的能力會更快速的發展。
3. 尊重每個人對於私密的需求，並找出一個共享時間。年輕人的獨立自主過程，並不會與前父母之間新的良好關係互相衝突。

那些幼兒化成人看似不成熟的言行，其實是因為被內在順應小孩左右，所演出來的橋段。而相對的，雖然親職化成人看似更有責任感也更成熟，然而與幼兒化成人相同的是，兩者都只不過是一種表象。在兩種面具的背後，其實都隱藏了一種真實的情感苦痛。

第六章

親職化的成人

當我們變成了自己父母的家長，擔起了照護他們的責任時，我們更容易將自己的內在小孩拋在腦後。這既是對我們真實內在的徹底否認，也是一種缺乏關愛的失落感。因為親子的角色互換了，回應父母心中順應小孩要求的人，正是我們心中的順應小孩。

不可能的任務

從親職化小孩……

「親職化」（parentification）①的概念是一九七三年由波所漫尼－諾吉所延伸闡述的。當為人子女的成人開始能夠照顧自己失職的父母，而身為子女過去該有的小孩需求沒有得到滿足時，子女親職化現象就會產生。[1]此時子女會被要求去填補那些自己父母童年沒有接受到的情感需求。這個跨世代親職化現象的特性，很明顯地是利用血緣的義務來犧牲自我；而為人子女的自好幾世代以來，都被賦予了必須去「修復」自己父母的使命。他們受到一種有害的罪惡感糾纏，確信自己再怎麼努力修復都永不足夠。因此會導致子女使出渾身解數為自己的長輩犧牲奉獻、耗盡全力去完成這項制定好的任務。

子女的「親職化」過程，會讓為人子女的成人自然而然地發揮自己同情、合作以及關愛的潛能。那個將內在小孩與自己父母連結起來的情感背後，卻藏著面對父母時如履薄冰、戰戰兢兢的複雜心情。因為內在小孩在情感上持續地跟父母連結，

---

⑧又譯作「父母化」

心底極度渴望父母是快樂的。有時，在一些比較脆弱或是匱乏的環境裡面，「孩子們會花時間去援救他們所認為的家庭存在價值的基底：那就是不計一切代價去維持養育者、父母或是其他家庭成員的良好狀態。」[2]

好幾世紀以來，世人對於小孩天性的否定與忽略，遮蔽了讓幼童這些「小小人類」可以同時如此堅強又如此脆弱的種種不同面向。因此，有問題的並不是因為小孩擁有失敗的父母，而是因為子女太愛自己的父母，親子關係才會如此畸形[3]。出自於天生的忠誠，儘管父母的要求無理，通常孩子是無力回絕父母期待的。孩子會對心裡出現譴責父母的想法噤聲，忽略自己對他們的要求[4]，言行也會表現得像「大人」一樣。他們學會如何佯裝成熟，以及模仿一些超乎他們能夠勝任的能力，為的是得到讚賞。在那個真正的「小大人」的面具背後，隱藏的是一種深層的苦惱。

縱使成長為大人，只要父母不平安，這些親職化小孩就無法安寧。甚至，在這些成人自己為人父母時，很容易會轉而向自己的小孩去要求某種補償。

……到親職化成人（adulte parentifié）

瑞士家族心理治療師勞倫絲・茲馬曼・凱爾史特（Laurence Zimmermann Kehlstadt）說明子女親職化「就像是自己父母對已成年的子女所產生的一種依賴關

係；而子女會對父母的感受或是肢體、情感需求產生責任心，把父母的需求擺在自己的前面。」[5]「大多數的時間，我們都沒有意識到這種失調的親情關係，是許許多多如身心錯亂、恐懼症、恐慌症、病痛、過度警覺、疲憊、職業倦怠、憂鬱……的來源，或提高罹患這些症狀的風險。

在親職化成人的生活裡，他往往被自己的順應小孩所支配。在他內心的永恆小孩，將他放置在一個理所當然的功能框架裡。親職化成人通常被視為是堅強、有責任感、獨立，並且大部分的時間都非常有愛心。在這了不起的表面背後，卻存在許許多多的問題。而這些問題，正反映了在滿足自己正當的個人需求時，與需要扮演照顧父母這種親職化角色之間內心的拉扯。對親職化成人來說，他們很難去承認，那段他們與父母連結在一起的親情本質，其實對他們是有害的。凱爾史特清楚說明：「大多數的親職化成人沒有意識到這種親情關係並不正常，他們也無法清楚評估這種狀況對於自己人生所帶來的負面影響。」[6]

有許多親職化成人的表徵，較容易出現在下列行業裡：如醫生、護士、治療師、心理醫生這些提供治療援助的專業人士或是主管階級。當一個親職化成人來找我們諮商時，他最初的動機是出自於內心一個聲音的呼喊：他發覺自己內在小孩之所以痛苦，是因為小時候沒有機會單單純純地當個小孩。這樣的苦痛多多少少讓他在人生中遇到一些難題。當這種苦痛來敲門時，便喚起了童年極為脆弱、一直想要掩飾的那塊受了傷的心田。因為嚴以律己，寬以待人，讓他很少去關心自己以及他的內在小孩。

矛盾的是，在這些順應的面具背後，縱使親職化成人可以兼顧自我存在的許多面向，自我貶低的情況卻也常出現在他們生活當中。凱爾史特補充道：「儘管他們已經為照顧父母的職責付出了許多，仍會為當下的情況感到無力與挫敗，也無法將心力投在自己身上。」[7]

他們身上所背負著照護父母的任務，自幼年起就注定失敗，使得他們人生的使命變成了遙不可及的天方夜譚。唯有自我疏離，才能勝任做自己父母的家長這項任務。親職化的小孩，長大後成了親職化成人，這些人的生命歷程就像是被困在一道幽暗長遠的隧道裡，進行著一場沒完沒了的賽跑，永遠看不到盡頭。

受親情束縛的黑暗時期

以下安娜貝爾（Annabelle）的故事就是一個很典型的親職化成人的人生經歷，她向我們描述了那段既漫長又痛苦的人生：

二〇一三年，我的人生像是突然墜入了看不見底的深淵。心想，我現在已經四十六歲了，終於可以把重心放在自己身上，過自己想要的生活了。不過，回想過去，我好像一直投入在我兩個兒子的教育裡，也在夫妻關係之間承擔著許多責任。八月的時候，我爸打了通電話給我，要我幫個忙，說他現在經濟狀況不怎麼好。但在這之前，我已經借給他一筆可觀的金錢，他始終沒還過我。在面對我父母有困難時，我一直感受到一股很強烈的焦慮和不安全感，預感將有災難性的狀況發生……

親職化狀況很容易在家庭出現危機時（如：父母分居、離異、生病、過世等情況），提升到前所未見的程度。親職化的小孩會下意識地把自己切換到「戰鬥模式」去全力掌握狀況。

結果是我父母破產了。而我爸又跟親朋好友、兄弟姐妹借了很多錢，甚至還跟他的體療師也借了一筆。我很快就發現，在日常生活中，雖然我表面上都很正常地跟我丈夫交流互動，但內心卻充滿了許多災難性的預想、恐懼和不安。我感覺自己像是在緊急狀態上了戰場的心情，被困在一種必須要快點找到解決方法的執念裡。整個人僵硬緊繃，如同時時刻刻處在最高戒備狀態。

安娜貝爾對於自己要負起父母生計的義務感到憤恨不平。當她還在讀書的時候，父親答應要幫她付商學院的學費，但不久之後就反悔了。以至於在她開始工作的前五年，都要拿薪水的百分之三十去還學生貸款。這些回憶再次觸發了她內心裡不公平的感受。而父母的負債，只是眾多問題的冰山一角而已。

把過度負債的文件建檔之後，我才發現我爸一直以來患有沒被診斷出來的精神疾病。而這期間，我哥完全都沒有幫過我。他僅僅只有向我打聽消息。這時候，我媽開始把自己裝成是個「什麼都不知道的小孩」，只是在一旁等我把一切處理好。很多人都稱讚我很忠誠，也一直讚揚我所做的一切是一種對家人愛的證明。而我竟然信了他們說的話。然而漸漸地，在我身上開始出現了身心透支的狀態，而且越來越嚴重。我發覺自己被困在一種艱困的情況裡。我告訴我自己應該要往前看，卻越發覺得孤立無援。跟父母的相處也一樣，好像被迫進入一個充滿瘋癲、疏離、混沌的世界裡，隨時都有可能會天旋地轉，把我逼到跟他們一樣瘋癲的狀態。不過，當我退一步、保持距離的時候，我意識到我自己身上一直披著一件要拯救大家的超人披風，一套我從小夢想的裝扮。

「許多社會文化都提倡奉獻精神，進而美化了**小大人為自己父母犧牲**的說詞。因為人們可以從中獲得讚賞，因此這種親職化的親子連結，時常被家中成員或專業醫療人員乃至於整個社會集體認同並鼓勵。這種奉獻精神，被視為理所當然，甚至是一種正常普遍的社會現象，導致親職化成人很難去辨別這種有害的親子依存關係。」[8]於是，情感操控（emprise affective）就把親職化成人困在這種血緣義務和應盡家庭互助的本分圈套裡。因此，建議一個有責任的成人，應該透過以下幾點來支援自己對父母付出的親職行動：

- 需要將自己的行動視為一種為父母提供的服務，而非一種血緣義務；
- 和其他家人共同承擔對父母所提供的必要協助；
- 必要的時候，可以透過專業人員的介入，來維護前父母／前小孩的關係；
- 需要限定時間；
- 每個人都需要尊重他人的需求以及界限。

至於安娜貝爾，被困在這似蜘蛛網的處境裡，不斷地奮力掙扎：

我當時變成了自己父母的爸媽，就好像失足掉進一個違背事物本質秩序的世界裡。我生來並不應該是要當自己養育者的父母，況且我根本從來就沒有想過要照顧父母像照顧小孩一樣！我的過往經歷，有不公、有暴力也有傷痕。在那之後不久，媽媽的身體每況愈下，才讓我不得不去面對我很久以來一直不想承認的事實：那就是我媽其實是個酒精成癮症者。這件事對我的衝擊之大，排山倒海而來，我根本不知所措。我試著說服我媽要她去諮詢戒酒，但是她斬釘截鐵地拒絕了，甚至在口氣上變得更火爆，還揚言要自殺。

安娜貝爾的情況，跟以下這些較容易出現子女親職化的家庭背景有著相同特徵，並且狀況會持續到子女成年後：

- **移民家庭**：父母常會委託子女代辦一些自身無法融入社會有關的任務；
- **父母離異、離婚或是夫妻衝突**：子女在兩者之間，必須扮演裁判或是調停者的角色；
- **單親家庭或是其中一個父母早逝**：子女必須協助、支持單親家長；
- **父母或兄弟姐妹之中，有人有心理或是生理上的疾病**：子女會自動補償或是讓自己消失、不過問也不打擾；

- **父母一方有成癮症**。關於酗酒問題，心理治療師蘇珊・佛沃（Susan Forward）表示：「這情境就像是在客廳裡養一隻恐龍。從外人的角度看來，很難去忽視這隻恐龍，但住在房子裡頭的人也無力將這頭野獸趕走；因此他們就盡力假裝沒看見，或當作恐龍不存在，而這也是唯一能夠繼續共存下去的方法。在這種家庭裡，家人一而再地互相說謊、推託、隱匿，造成子女方情緒紊亂與困擾。[9]」；
- **在大家庭裡有很多弟妹的長子與長女**：當哥哥或姊姊的，需要子代母職幫忙扶養照顧年幼的弟妹。

有些家庭就和安娜貝爾一樣，子女在自己的童年時期便體認到自己必須代替父母執行職責。而安娜貝爾最後選擇了透過眼動減敏與歷程更新療法（EMDR）[10]，以及內在小孩心法來自我修復[11]，脫離她生命中困頓的情況。她漸漸學會如何在面對父母時自我定位，找到自己最適合的位置，成為輔助父母的角色，而非他們的解救者。

親職化成人所帶來的人際關係失調的影響層面，不僅止於親子關係當中，也會在生活中的友情、愛情、職場面造成一定程度的影響。關係失調的問題並不僅停留於個人或家庭層面，它更是一個公衛問題。最新的統計數據顯示，法國總人口當中有將近一千一百萬個人，也就是說每六個法國人當中，就有一個人在家庭裡從事著照護家人的工作[12]，因為年邁、疾病或是殘疾的種種原因，需要在日常生活中陪伴這些親人的起居。[13]而有百分之三十一的家庭照護者，證實了在這樣的生活情況下把自己的健康擺在第二順位，並出現了積累生理上的疲倦以及心理層面脆弱化的現象，或是因為要照護家人，遠離了社交連結而導致經濟困難；百分之三十八的照護者在日常生活中飽受壓力及焦躁之苦；百分之三十二的人則有睡眠問題；另有百分之三十[14]的人會在生理上出現疼痛的症狀。而這些照護者很多都是親職化成人。

當然，要我們去承認，自己正在實踐一種負責任、有愛的血緣義務行動，實際上卻潛藏著對親情關係有害無益，確實會令人感到不舒服。很多時候，成人因為認命於自己親職化的義務與責任，而讓自己相信是在完成一樁神聖的任務；但實際上，他正同時在逃避自己的真實感受。他的內在小孩，此時會透過身體吶喊，但他卻不聞不問，寧願選擇讓自己和內心有所衝突，也不願去正視自己柔軟脆弱的那一面。成人需要莫大的勇氣、謙虛以及自我憐憫，才能覺察到內心那個一直追求著去完成不可能任務的永恆小孩，也唯有真正覺察後，才有機會解開這種束縛。

永恆小孩的幾種面向

是誰在我的內心指揮？

只要我們越能意識到自己永恆順應小孩的存在，就越有機會去控制自我的行動。因此，我們也有能力去回應並支持自己的自由，關鍵在於：「到底是誰在我內心指揮？」

順應小孩的存在代表著多種不同面向。當內在永恆小孩支配著成人時，表示他恪守了一些教條與行為，將服侍自己的父母當成唯一的職責依歸。這種親職化現象不只存在於前親子關係，只要是與前述相似的親情關係，都和這種順應與親職化的功能密切相關。以下是成人心裡永恆小孩的幾種不同類型與面向：

■決策者

內心小孩若是決策者，他就會在父母的人生裡行使支配權，幫父母大小事做決定。此表現可能是因為成人背負著沉重的責任義務，或是完全相反的情況，成人有機會去推翻他跟父母以前的階級關係。於是，前小孩會接管父母的職責，還會利用他們的脆弱來讓他們付出代價。很多時候，前小孩會無意識地將他小時候所受到的遭遇，反過來施加在自己父母身上。

■保護者

保護者會賦予自己一個保護父母的任務。成年後，前小孩會自動給予父母一種他童年所沒有接受到的保護，好讓親子之間保有一種虛幻的安全感。而這種態度會導致把前父母幼兒化的現象發生。

五十歲的艾瑞卡（Erika）告訴我們：

在我小時候，我媽常要我扮演保護者的角色，來緩衝、阻擋我爸爸各種暴力行為，造成我在很長一段時間裡，都在父母之間扮演好人與壞人中抗衡的角色。因此，在我的職場、友情、愛情關係裡，很容易極端化，要嘛就是付出全部，要嘛就是什麼都沒有。其實，這讓我想起我媽常常會要求我為她付出一切，而她卻完全沒有回應到身為小孩的我的需求。而後，我媽的言行變得比我爸的行為更暴力且更令人不安。

如今，我重新面對小時候那種迫使我發怒的挫折感，那種如我父母一般反覆無常的情緒。我感覺自己處在一種恐懼和沒有安全感的氛圍裡，非常地孤單、怕被遺忘。以前，我很害怕我爸對我施暴，也很怕他打我哥和我媽媽。不過現在，藉由內在小孩療法，我重新認識到自己內心那個充滿活力、愛講話、愛笑也愛玩、淘氣又調皮的小女孩。如今，在療程中，我正努力找回那個長久以來被我擺在一邊的自己，那個我幾乎快要不認識的我、那個想主宰自己人生目標的我。現在，我在各種人際關係中都變得更和諧，我也開始能夠肯定自我的獨特性。

■協調者

協調者是父母之間的和諧守護者，也作為兩者之間的緩衝墊。不過，有這樣特質的成人，並沒有找到自己真正的定位；他只存在於人際關係的空隙之中。他試圖變成自己的引領者，不去尋求別人的幫忙。協調者無法忍受任何的衝突，所以儘管是人與人之間良性的摩擦，對他來說都是一種暴力。

■信賴者、伙伴

信賴者希望自己可以成為自己父母的「全部」，一位善解人意、洗耳恭聽的陪伴者。這樣的角色有著顯著的亂倫情節[15]：先是小孩、然後成為父母的前小孩，是父母私密告解的傾聽者。有時候，他們會成為像是父母另一半的角色。妮可的故事就是如此，她向我們坦承：

> 我今年剛屆滿六十五歲，終於從數學老師的職位退休了，我一直都和媽媽一起生活，對我來說媽媽是我這一生最重要的人。我們一路相互扶持，我從不後悔有這樣的一生。雖然有時候會覺得我的人生中缺少對男人的戀愛情感，不過我自己能夠照顧自己就是了。人生就是如此吧，我們不可能擁有一切。

■照護者

照護者就如字面上那樣，他是為了照顧父母而存在的。他對於父母的身體狀況的看法，不僅擔憂並且非常主觀。很常因為父母受了點小傷就顯得很焦慮，是親職化身分明顯的症狀。這樣的成人在親情關係裡執行著照護的行為。心理學家史蒂芬妮·哈克瑟（Stéphanie Haxhe）強調：「當我們追根究底就會看到，照護者子女的型態是最容易辨認的，也是為什麼親職化通常會回歸到這樣特有的職責表現上。無論什麼樣的理由（憂鬱、精神疾病、殘疾或其他），或是子女的責任關係，這種關於家長健康照護者的表現，比其他親職化現象更容易察覺。」[16]

■替罪者

替罪者則是另一種形式的親職化。這種代罪羔羊，是「會以個人名義去背負集體責任。他會無來由地逼迫自己去承擔起責任包袱或其他人所犯下的錯誤。」[17]而他的雙親，通常在他們自己的童年或人際關係裡，經歷過對大人不信任的過去。因此，把許多不切實際的期望加諸在子女身上。他們非但沒有重新對世界投以信心，或是彌補那些受他人破壞的部分，反而是繼續將小孩置於危險中。」[18]在我們的臨床經驗當中，我們經常發現，若個案是一位替罪者，那麼他的父母通常曾經遭受到極端暴力的對待，像是性侵、精神或是肢體上的虐待等。在不自覺的情況下，他期望自己的小孩幫他將以前所遭受到的苦痛一筆勾消。因此，這種親情關係是最具有破壞性的。替罪者小孩所付出的一切，為的就是要撫平自己父母的過往，並同時必須忍受父母發洩在他身上如雷電般的怒氣、恨意以及暴力。

■完美者

完美型的小孩會扮演著自己雙親想望的那種理想小孩的樣子。他會以持續沉著、無慾的表象來回應父母所有的期待及願望。精神科醫師波索曼尼–諾吉強調親職化的條件，他說：「身為親職化的小孩，首先必須要被轉變成假想的大人。」[19]

而親職化的父母，是一個活在否定自己童年經驗、不成熟的人。他在人生中試圖得到那些他童年裡沒有接受到的，或是很早就失去的事物。一般來說，親職化的父母無法感受或是辨認出自己的情緒與需求。親職化父母單方面希望和自己的小孩建立一種理想的關係，卻不曾去考慮到子女的自我完整性。因此親職化父母以及子女形成了一個共鳴系統，也就是說，一方的感受與感知，對另一方是一種有目的性的企圖。想要走出這樣地獄般的輪迴，會是一種複雜的過程。

那麼現在，我們就來釐清三種主要構成親職化的因素。

三個親職化構成因素

在前親子關係裡，親職化是由「情感操控」「假性自我滿足」及「自認萬能」，這三種因素間相互作用後所產出的有害產物。

■情感操控

情感操控與依附關係正好相反，父母在子女身上看到一種令他安心的、可依靠的形象，由子女提供父母安全感與信任感。情感操控的承擔者，通常會落在家庭成員間最有同情心且最在乎別人感受的家人（孩子）上。在親職化成人的內心壓抑著一個孩提時被遺棄的痛苦感受，不僅僅是因為當時正當的需求沒有受到尊重，甚至對自己雙親的關愛也被父母所利用。愛麗絲．米勒針對這個問題，就曾經引用了阿爾豐斯．都德（Alphonse Daudet）的短篇小說《磨坊書簡》裡頭的一句話：「從前從前，有個小孩生來就有著金色的頭腦。他的父母並不知道，直到有一天小孩受傷時，意外發現流出來的不是血而是黃金。……當小男孩長大以後想要出走，去看看這個廣大的世界，然而媽媽卻跟他說：『我們為你付出了一切，所以我們應該得到你一部分的財富。』於是小孩就摘了一大塊金子做成的頭腦下來給了他媽媽。」[20]親職化成人覺得自己應該要用自己生命的一部分去償還給父母。這裡的「黃金」，就是一種名正言順要求子女服務父母，進而綁架子女財富的一種形式。

■假性自我滿足

假性自我滿足，是讓很多親職化成人變得乖順的理由。凱爾史特強調：「子女年幼時以及成年後，看不見自己被利用的那些情況，有一部分的原因是因為他自認為有處事能力，有價值，也被他人需要。這對於成年後親職化的狀況維持非常有利。」[21]這樣的職責是普遍被社會大眾所看重的，使得許多親職化成人更願意去鞏固自己那個理想、完美的自我形象。榮格提醒過：「這跟完美無關，而是跟整體性較有關。」[22]親職化成人會試著要當一個「好」人，而不是一個「完整的」人。他會不自覺地毀損自己，把自己「金色頭腦」的一部分奉獻出去。因此榮格強調，人必須以一種不自我殘害、正常的方式來生活。

■自認萬能

自認萬能的表現，是子女自認為受到父母的養育而變得無所不能的心理狀態。為了不要拒絕或傷害自己的父母，而將自己的真實感受隱藏起來，使心中的空虛感越來越深。戴著一副完美假面，始終順應著父母去完成那些不可能的任務。然而在這副面具背後，隱藏的卻是自己的「真實我」。愛麗絲・米勒補充道：「事實上，自認萬能的表現是一種防衛行為，不僅防止自己不被遺棄，也用來忽略現實所產生的深層苦痛……。看似茁壯卻虛假的個人身上，有著明顯的自我價值感的崩解：現實中，他只是一塊被綁在氣球上懸掛在半空中的小破布，可以隨著風起飄到高處，也可能因為氣球爆破而被狠摔在地上。以至於他完全無法發展自己的性格，往後也沒有任何東西可以成為他的依靠。」[23]職業倦怠、憂鬱、煩腦、疾病，都是治療過程中經常被提起的苦痛病症，這些親職化成人所承受的身心困擾，常使他們在自己人生的瘋狂賽跑中，不得不停下來。

■釐清自己言行目的

永恆小孩很少會自問「順應的動機是什麼」？更不管這些決定帶來的苦痛強度有多大，他會試圖說服身為大人的自己說，所有的抉擇都是順其自然的、友愛的，也是迫切必要的。在問完第一個問題「誰在我內心指揮？」之後，正在尋求自由的成人，必須對過往提出質疑：「這樣的意義到底為何呢？」釐清自己對父母所做所為的目的，是一種重拾自己一部分責任的方法，也會讓自己更像個成人般的視事。

親職化的表現，建立在不自覺的父母職責上，是與「負責任表現」相反的行為。哈維・亨德里克斯與海倫・雷克里・杭特（Harville Hendrix & Helen Lakelly Hunt）心理治療師將之定義為：「在比較輕度的形式裡，不自覺的親職就是一種日常生活經驗，我們以為自己知道孩子要什麼、感受到什麼，或是我們覺得他們應該感受或想要什麼；而另一種比較極端的形式當中，不自覺的親職則是滲透到一個人生活中的各個層面，一種虐待、忽視的普遍行為」[24]。「親職化表現」很明顯地是讓孩子來服務父母，讓父母有種既能夠卸下責任，又處於一種舒適的狀態。這裡所謂的「舒適」，是指「對任何變化的無感」。而這種從親子關係轉變到前親子關係，是自然、直接的關係轉變，也是一種試圖維持平衡、保持現狀的系統。

亨德里克斯和杭特補充：「父母不自覺的反應就像是一把利刃，將親子間無形的連結劃開來。……這把刀也會同時在子女心上劃上一刀，把內心幾個連接點都切斷。這會讓子女認為，應該要讓自己的某些不合時宜的部分消失。」[25]我們稱這種烙在子女身上的傷痕為「和自己本質隔開的傷痕」，是一種「讓自然表達『我是……』無法存在的內在損傷」。因此，小孩為了要討別人歡欣，會忽略自己的需求、中斷夢想以及內心深層的渴望。他也會對生命中親密、熱情、富有創意的事物失去連結，而心中悵然若失，是對失樂園的憧憬，也是一種深層的憂傷。」[26]

親職化表現也會維持一種假象，表面上看似相親相愛、緊密的親子連結，事實上可能從很久以前，此種連結已經失去功能，甚至完全斷開，雙方早已遍體鱗傷。向前家長揭露：「你的孩子已經不是你的孩子」，或是向前小孩揭露：「你的父母已經不是你的父母」，很多時候，卸下父母職責的父母以及親職化成人，皆對鬆動自己親情關係的危機不為所動。

在任何形式的前親子關係中，皆存在著能夠幫助治療的寶貴資源以及治癒的可能性。只要願意負起責任，找回在關係中和諧的動力，就能使每個人在獨立自主的空間裡，以同理心去和彼此和善的交流。因此，若要達到這樣的目的，就必須先破除那些不合時宜的效忠信念。

忠誠關係

在我心中有哪些忠誠信念？

親子關係是建立在血緣關係上的。杜可莫-娜吉對此強調：「人類基因將我們預設為群體生物，也自然地被設定成相互需要的關係。不管我們喜不喜歡，那些和我們生理上有血緣關係的人，毫無疑問地都是緊密相連結的，也無法斷絕，這是個不爭的事實。血親連結跟人際關係的品質、想望、幻想、法律姻親或人生成就皆毫無關係，也和那些根據我們的未來而產生的人際連結截然不同，完全只是先天的本質所產生的連結。這就是我們會對於親情的連結那麼執著的原因。」[27]

對人類來說，透過血緣關係所建立的自然忠誠，是為了要回應安全需求與基本歸屬感。而這樣的生理現實，將每個人牢牢地套在家庭系統裡。血緣關係建立了一種有利於「不經思考就自動連結的生物決定論」。若重新引述杜可莫-娜吉的話，能夠將父母的「痕跡」從血脈中完全移除的透析法，其實並不存在。[28]不過，這也不代表個人就要完全被生理現實所制約。

在家庭系統中，忠誠關係是要確保一種團結一致、平衡的狀態。這種體制內的平衡，是為了要在面對外來變化的時候，能夠讓家庭堅持穩固的手段。這樣的平衡，首先要確保的就是團體的生存，但它同時也會有利於抵抗個人或是人際關係的變化。而每個家庭都有自己的容忍限度，以便區分在這個家庭裡誰比較忠誠，而誰又不忠誠。所以若家裡出現一個背信忘義的人，就會立即被視為是將家庭置於失衡狀態、令人警戒的對象。

有些隱形的忠誠關係，是為了避免任何會危害到家庭系統裡有所差異的個體，尤其是在指責父母不負責任的行為時。任何不符合這個家庭準則規範與價值的個人選擇，通通會自動被否決掉。而卸責行為，主要是展現在不想要和下一代經營一種具有啟發性、有意義的親情連結。**在功能失調最嚴重的家庭裡，通常血緣關係會受到過度重視，其目的是為了要將現實上已經貧乏的情感連結掩蓋起來。**

這種無形的忠誠，也是將父母的期許移轉到子女身上的主要管道。若子女符合父母的期望，那麼這種忠誠就是一種正面、被許可的忠誠。

四十一歲的弗德列克（Frédéric）向我們解釋，他是如何翻轉對自己父親的忠誠：

我在高中當了十七年的歷史老師。對於歷史的熱愛，很早就在我人生當中出現了。小時候，我對瞭解人類靈魂這件事有某種無法自拔的興趣。十幾年前，我跟我的學生剛好研究到「歷史見證」這個主題，所以邀請了許多人物來演講，像是前特務、曾被驅逐過的人等。隨後，我想到我父親也是個曾經經歷阿爾及利亞獨立戰爭的士兵。他大約在一九五〇年代末期被徵召入伍，在阿爾及利亞服役期間，歷經了一場「沒有名字的戰爭」，因為當時，我們法國只以「維穩行動」來稱呼，而不是戰爭。當我第一次聽到他對我高中三年級的學生講述見證時，我突然恍然大悟，一直以來，在我的人生使命裡，有一部分是在對父親展現忠誠，尋找能夠讓他有講述個人服役經歷的舞台。好幾年下來，他已經向上百位高中生演講過了。這樣的經驗不僅豐富了我的人生，也把我家庭歷史回歸到它該有的位置。

相反地，若父母的期許變成一種強制的要求時，不自覺地會限制小孩，讓他沒有權力抵觸，隱形忠誠將成為永久的家庭內部衝突。

忠誠衝突

心理治療的其中一個目的，便是在解決忠誠衝突的問題。這種衝突會使個人在他需要個人空間與保持親近的親子關係兩難中做拉扯，而讓他苦惱。不過在我們初步的心理治療評估後，個案會學習到如何重新建立和自己，也就是和自己的內在小孩一種堅不可摧的連結，也會知道如何在自己與他人的關係之間自我定位。別忘了，自己和內在小孩連結的親密程度，是比跟自己父母還更親上兩倍的。因此，和自己堅定的連結，比安全地脫離與父母或養育者的關係還來得重要許多。[29]

如此艱難又痛苦的起步行動，需要莫大的勇氣。其實只要做到減緩身心上的痛苦，就能激勵他們去擺脫對自己永恆順應小孩的忠誠。可惜的是，許多人在遇到這樣的問題時便立刻退縮，並沒有從中真正獲得好處。一旦和自己的內在小孩和解並重新連結，就有和其他家人建立起意料之外的、新聯盟的可能性。所以，假如透過一種新的結盟，便能擁有一段健康的前親子關係的話，或許也可以成為取代盲目忠誠的另一種動機。

新同盟

在全人類的神話中，所有推翻過去、革命性的新同盟關係，都是從違抗命令而來的。不管是佛陀、耶穌、穆罕默德，三者都違抗了既有的法律秩序。神話學家喬瑟夫．坎貝爾（Joseph Campbell）提醒道：「所有的神話都是在告訴我們，在最深遠的深淵裡，總有救贖的聲音在迴盪著；而最黑暗的時刻就發生在轉變的前夕，唯有在最暗黑的地方，才有光芒萬丈的可能性。」[30] 所有的違抗，都必須穿越一系列的混沌；一開始或許會有一種即將消失在黑暗歷史中的感覺。但看到那麼艱困的路途，內心隱形的忠誠會說服你相信要冒這樣的險，即便風險實在太大了。

任何忠誠模式都需要在新的同盟中被超越。世界上有太多的個體仍被困在對自己永恆順應小孩的效忠模式裡。坎貝爾就強調：「當一個人緊抓著一個計畫不放，同時拒絕聽取自己的心聲時，他的精神層面便會走向瓦解。這樣的人是偏離自我中心的。他所計畫好的人生，其實並不合適他。」[31]

只要每個人在家庭、社會、文化層面上實踐「去忠誠化」，並且對自己或他人有更深與更廣的面向認識，就能讓新同盟關係重新復活，也會與人生中不同的道路以及人生中意料之外的事物產生連結。

成年後，小孩與成人需要將親子關係重新定義契約，因此「前小孩」及「前父母」出現在新同盟關係中的這些詞彙，適合拿來描繪初步的違抗態度。而這樣的違抗冒險，即是以平衡、真實視野的成人意識，來看待自己的父母，乃至於觀看對整個世界的關係。不過，這並不代表需要和自己的父母斷絕關係，或去改變自己的父母，又或者苦等著父母可能始終不會產生的認可與理解；而是試圖去建立一種新的同盟關係，促使新的人際體驗發生。

第三部分

建立前親子新同盟

第七章

內在成人的甦醒

隨著成長，我們忘卻了關於小孩的祕密，其實，他原本就是個完整個體；也忘卻了他可以活出整個世界，活在一個萬物都和平共處的天堂花園裡，不會因反思、評判和譴責而癱瘓。

—— 榮格

個體化過程

成年，並不代表已經變成成熟的大人。人類的成長並不是直線連續的，而是如四季更迭般的循環。成為大人，是受到地球生命法則的支配，開始一段找尋自我存在意義、不斷地成長、成熟，直到生命消逝為止的過程。

如今，西方文明之人在大部分的時間裡都謹守著「必須幸福」的生活準則。所以基本上，西方人以追求物質上的滿足為主。對很多人來說，成長就是在遵守並實踐一連串生命義務的前提下，盡力讓自己幸福快樂。然而艱難、苦痛、挫敗，這些心理上的挫折，卻沒有被納入追求幸福的基準裡。在這種追求標準規範的前提下，有些「幸福」的人會寄託在過度消費裡面，而其他「不幸福」的人，會執著於對過去的苦痛，無法自拔。

「成長」，是一種動態的進展，也是榮格所謂的「個體化過程」中可觀察到的外顯面向。而這個內在轉化的過程，既是一種自然運動，也是意識的體驗。其目的在於讓個體發展得更完整且更多元，而非零碎、分化或是更兩極的狀態。個體化過程是持續追求個人與關係的實現，且不會有完成、終止的一天。這個榮格所提出的「個體化過程」的概念，強調的是自我即是最好的生命原動力，將人性的內在極限與每個人的外在生命旅程合而為一。因此，在個人化的過程中並不會排斥他人與世界，反而是因為涵蓋這兩者而變得更豐富。

照這樣說來，我們既不是要「擁有全部」也不是要「成為全部」，而是要認知到我們天生就不完美，同時也更踏實地去實踐自己的責任與自由。這其實就是「內在成人的甦醒」一種真確的生命旅程。

熱愛、失去，然後成長[1]

親情與依附

親子關係毫無疑問是建立在依附關係上。也就是說當孩子有父母陪伴時，便能夠體會到安全感、安慰以及信心建立的情感連結。而這種依附狀態在人與人之間產生一種既深遠又正面的共鳴，有利於「愛」這樣「至高情感」的循環。

這種親情連結經驗的開端，首先始於小孩那份「對生命深層的渴望、內在力量散發，一種獨特的感性且具有生命力的化身」的親情愛。[2]因此，父母愛的是化身為親情愛的小孩。不過這在親子關係中是一種不對等的狀態。過程像是：父母對自己的小孩產生依賴後，子女才開始和自己的父母有所連結。事實上，在弱小又脆弱、嗷嗷待哺的幼兒面前，人類便已習得了父母的職責為何。因此，父母在這方面是學習者，而小孩才是教導者。亨德里克斯和杭特（見〈永恆小孩的幾種面向〉）表明：「子女對事情的看法與視野是父母資訊的來源，並非故意引起紛爭、挑戰權威。而來自子女言語上的或以其他方式表達出來的批評，對父母來說就是最佳的訊息來源。因此，只要父母認知到『自己對世界的瞭解有限』這樣根本的事實，同時對子女的世界觀持更開放的態度，那麼他們的世界也就能變得更遼闊了。」[3]

接納、合理化自己幼孩的本質，可以帶來一種對內在小孩深層的反思。每個成人的內在小孩所感知到那些在原生家庭系統失靈之處，也正是小孩一直想跟父母和解與改善的部分。儘管對很多人來說，子女「擁有洞察家庭問題」的能力，是位「親情專家」，這種想法令人困惑不解，卻也是不爭的事實。這種專家能力不僅存在於每個家庭裡，也特別會在家族治療過程中展現出來（發生於只要子女有信心且對於治療方法抱持認同的態度的前提之下）。

依附以及親情，是構成現代家庭生活的兩個要素，也許會導致單方面依賴程度變高、人際關係變得更封閉；又或許會造成完全相反的情況。像是兩個個體相互扶持的程度變大、彼此的關係變得更開放，進而改變彼此的關係。所以，小孩對父母的關愛，會特別在有產生想改善跟緩解親情關係的意願時表現出來。然而，當這種自然意志得不到成人的認同與支持時，就會轉變成一心想要修復對自己或是對父母所造成生命傷痕的一種執念。

因此，那些無法在親子關係中達成平和狀態的遺憾，經常會在父母親去世時，像迴力標一樣飛回來重傷自己。不過只要正面迎擊，似乎也能變成一種讓自己覺醒的力量。

失去父母

我們都知道，失去父母是一種強烈、難過的人生經歷，不過卻對我們的人生意義具有啟發性，是成年後人生中的一個重要里程碑。對子女來說，這樣痛失父母的經歷，不管在什麼時候發生，不管有沒有察覺，對我們內在小孩都是一種沉痛的悲悼。

精神醫學家歐文．亞隆（Irvin Yalom）是這樣看待死亡的：「死亡就像是將人帶到另一個更高境界的催化劑，讓他經歷從『對事物本質產生疑問』的狀態，到『對事物本質的存在驚嘆』的過程。只要意識到死亡，就能讓我們從日常生活操心的事物上轉移焦點，賦予我們生命一種深刻且強烈的感受，甚至開闢另一種嶄新的視野。」[4]

父母的去世，儘管父母的印象長存於心中，現實生活中理應會將親子關係劃下句點，與以往的經歷道別。失去父母這樣重大的人生事件，打亂了前小孩的人生節奏，進而出現兩條分岔的道路。在其中一條道路上，成人會象徵性地拋棄以往為人子女的習慣，對外在的父母進行哀悼。失親後的他，會負起成為自己父母的責任，來解決自己內心尚存的疑惑或是未完成的願望。因此，此時若將所有的關注集中在自身的內在小孩上，會是一個讓自己成長並且完全發展至成熟大人的好時機。至於另一條較常見的道路，失親的子女會像是迷茫的永恆小孩孤苦遊蕩，癡癡地等待著那些不曾存在的親情狀態能奇蹟般地發生。這樣的後果，只會讓自己在人生路途上徒有懸念，始終感到筋疲力盡。

有懸念的哀悼的兩種面向

帶有懸念的哀悼，是生存與自保策略的明顯徵兆。永恆順應小孩會將自己保護起來，避免想起父母的消逝。他們的防衛機制會伴隨兩種截然不同的態度出現。一種是：父母雖去世，前小孩仍會維持在依賴已故父母（有時候是幼兒化或親職化成人）的模式中；另一種則是將自己完全抽離，彷彿死亡從未發生。他會將自己的情緒完全抽離，在某些情況下甚至會完全否定親子關係的存在。心理治療師蒙布克特在一篇文章中[5]，就提供了三個幫助我們評估悲傷強度的問題：

• 對你來說，你所愛的那個人代表著什麼？
• 你為他做過什麼樣的犧牲嗎？（如時間、關懷、經歷、夢想、計畫等方面。）
• 他在你生命中佔有多重要的地位？

針對這三個問題的答案，其實也適用於哀悼父母的情況上，有利於釐清持續困擾著被留下來的、那個正在守喪的人所背負的人生角色的疑問。

蒙布克特在舊金山攻讀心理學期間，曾參與了一場關於角色扮演的心理治療課程。他在那場心理治療的戲劇中，重演了一次父親二十二年前過世時的創傷場景。就在那次的實際演練中，他總算能將自己壓抑已久的情緒釋放、表達出來：「那時，我將我父親擁入懷中，跟他說我有多愛他。而那是第一次我說出這樣的話。我放聲大哭，還將演我父親的那個人的衣服都弄濕了。」他體認到：「我之前一直搞不清楚我到底怎麼了，後來才意識到，必須有一個哀悼的意識過程去釋放、解決。然而，歷經了二十二載，我一直都沒有察覺到自己始終在為父親致哀，當然也沒有意識到那是多麼消耗精力的生命重量。」[6]

無法解決哀悼的原因，通常都跟家族故事有關。在這個情況裡，被永恆順應小孩支配著的成人，會為了家庭系統進行一項自我犧牲的任務，那就是守護過往的家庭回憶。

家庭任務——懸而未決的追悼

在一個家族裡，已故的父母會使其他家人背負著未追悼完畢的重任。這種負擔經常出現在問題尚未解決的情感連結，或是仍未釋懷的關係裡。家族治療旨在陪伴家屬走過哀悼的過程，去幫助家屬放下已故家人存於其他家人心中過於重要的分量，幫助他們徹底地接受自己人生角色的轉變。因此，一旦家庭系統的規條變得有彈性，而不再成為生命轉變的阻礙時，在經過這樣的家庭危機後，家庭便能夠找回比之前和諧的氣氛，讓每個家人的自主性受到尊重，彼此之間也能夠產生更團結的同理心。」[7]

幾年前，有個五人家庭來找我們諮商。媽媽因為長期面對家庭裡凝重的氣氛而苦惱不已。而被指出造成家庭問題的人，是她那十六歲的兒子，喬丹（Jordan）。他在學校成績差強人意，在家中對他弟弟的態度卻十分惡劣。和喬丹接觸時，發現到他是一位憂鬱的青少年。在第一次的諮商過程中，我們讓這一家人一起探索跨世代的問題（包括子女、父母以及祖父母各方），並且找到了問題的來源，其實是喬丹的父親及祖父之間未解決的連結。喬丹的父親言詞反覆，一下子表達對自己父親的愛，一下子又說父親的不是（例如：他總是不在場、虐待），他那心裡被困在理想親子關係連結的永恆小孩馬上就露出了馬腳。喬丹的父親和喬丹一樣顯得憂鬱，本身沒有接受到足夠的父愛，也從未認可自己對父親的愛，這位夾在三代中間的父親感到十分痛苦。

我們發現，在我們和喬丹的父親對話的過程中，喬丹對父親的言語和動作手勢都非常注意。當下我們很訝異兒子是如何惟妙惟肖地模仿著父親的神色，彷彿把父親當成榜樣，且時不時玩弄著掛在胸前的墜子。這個舉動引起了我們的注意。我們才知道，那個墜子是祖父的遺物。喬丹這位被點名是造成家庭問題的兒子，卻配戴著父親繼承來的墜子。可是，為什麼是喬丹這個孫子戴著它，而不是父親呢？這又意味著什麼？當我們繼續深掘家庭關係的狀況時，這家人才理解到，擁有祖父墜子的孫子，擔起了一部分父親對祖父懸而未決的追悼。而喬丹的用意其實是想讓父親明白，他是值得被愛的，也希望有人能夠理解他不曾擁有父親關愛的苦痛。這種家庭出現問題的表徵底下，埋藏著的是許許多多不被允許的情緒，其中當然也乘載了一種強烈憤怒的積累。不久之後，這家人很快地重新找回家庭的和諧，而喬丹也找回了自己的精力，在課業上取得了好成績。

若因為對父母或祖父母心存芥蒂而產生無盡的追悼，將使成年之後不為人知的一面原形畢露，這也是放棄固著的親子關係最困難的地方，因為這種複雜的親子關係，跟自我的人生敘事有著緊密的關聯。

人生敘事

一個人成年的過程，是一種在人際關係中不停妥協、自我實踐的流動狀態。「本我」是在與人的關係互動中被慢慢形塑，漸漸達到新的平衡狀態。而「成為大人」就是在人生敘事當中，由以下**外在**與**內在**的生命經歷不停交織、建構而成：

- **外在經歷**，主導人生敘事，顯而易見，與原生家庭系統的歸屬有關。像是：「我是誰誰誰的女兒／兒子」「我從事什麼工作」「我有哪些專業、能力」「我和誰有什麼樣的關係」等等的思考行徑，這些都會歸納出一個跟家庭規條有關的身分認同。
- **內在經歷**，即是生命對於個體所造成的不同迴響，是次要並且隱性的人生敘事，由個人的主觀性所產生。當成人從外部經歷到一件事情，內在小孩會同時在內心體會過一次。我們由此可知，內在經歷才是幼孩的本質發展。

「變得成熟」這件事，並不是成人必然會習得的生命狀態，而是一種追求自己被內在生命所引領的過程。因此，若要變得成熟，就得先重新發覺自己的內在經歷。而這是一段將自己被遺忘、放逐的內在小孩的陰影面，再次納入自我生命的蛻變過程。

我們可以把個體的陰影比喻為一間長滿灰塵的儲藏室，或是沒有人造訪的濕冷地下室。蒙布克特認為，將自己的陰影納入自我生命，不僅可以讓社交人際關係變得更真誠，也有助於道德意識的發展。他說：「起初，道德意識就是一種對於家族以及群體所制訂出的既有規矩或是對道德規範純粹的服從。儘管這個學習服從的階段值得肯定，但是我們得想辦法來超越它。因為來自於家庭或社會的道德命令，往往會助長一些傷害他人的言行。」[8]

約定俗成的道德意識，會強制規定每個人都必須遵守家規及社會的規範，其目的在於維持某種既定的慣性秩序。相反地，在超越慣性約定的道德意識後，我們就能優先以個人內在、次要的人生經歷當作主軸，也會根據較普遍、尊重人的各種形式原則來敘述人生。從個體層面來看，在一些否定規範的面向當中，「成年」就包含了對於父母親職的必要哀悼，以及瞭解人生各個階段所代表的真正意義。

成熟大人生命中的不同階段

一個成年人的人生週期變化通常都可化約為一種「成為大人」的過程。以下你可以發現關於自我實現的個體幾個階段的概述[9]：

* **階段一：融入成人世界**（二十一歲至二十八歲）——前小孩在此階段面對家庭、文化、社交環境時，會把自己定位成更有責任感的個體。其個人或社會的身分認同，會在同化或拋棄自己父母榜樣的雙重過程中塑造出來。
* **階段二：重整期**（二十八歲至三十五歲）——前小孩會因為對生命存有疑惑而去釐清和改變自己跟前父母的關係。在此階段，個體會對既有且無形的忠誠行為，以及對父母的期望產生困惑。前小孩必須跨過一些人際關係危機，以自我提問或是對過往經歷提出質疑的方式，開始進行內在探索。
* **階段三：中年人生之序幕**（三十五至四十二歲）——內在經歷之重要性會在此階段超越外在經歷。前小孩會需要以自己真實的內在經歷為依據，來改變自己的生命觀點。此時，會放下對於父母外在親職之依附，漸漸變成自己的父母。
* **階段四：人生新展開**（四十二歲至四十九歲）——這時期必須去承認親職結束

的哀悼期的存在，並和自己的前父母產生盟友關係。

＊**階段五：輝煌時期（四十九至五十六歲）**——前小孩會經歷社會以及人際關係實現後的休止狀態。他對於自己以及過往的認知通常較為一致。他會在人前有更成熟和更真誠地自我表現，也會成為自己的最佳盟友。與人親近是他最主要的、也最具有創意的能力；有和自己或他人連結、表達、分享、放下的能力，不過相對的，也可能隱沒在孤獨之中。這是前小孩見證自己父母輩的消逝以及子女離巢的時期。若前小孩將自己內在小孩照顧妥當，那麼面對這些必然離別的哀悼也能泰然處之。

＊**階段六：進入第三年齡（五十六至六十三歲）**——個體正在經歷衰老階段，對自己衰老的軀體以及內在小孩兩者間進行調和。由於這樣的互補性，人生在此會變得更精彩豐富。也會開始第一次回顧自己的存在價值並回歸到自己內在人生上。此階段會展現人的「世代性」，也就是確保人類未來永續生存之能力，成為他創意生命的根本。但相對的，也可能陷入停滯狀態。他會和／比自己更大的自我／以及掛心於利他事物相連，走向群體。

＊**階段七：自我實現階段（六十三歲以上）**——這是充滿智慧、自由的階段。個體完全蛻變為成人的身心靈狀態，內心卻仍保有童心的階段。「完整性」為

他主要的創意能力，是謂有能力將自我的所有部分和內在真實融合為一。不過，相反的，也有可能陷於絕望之中。有童心的成人在衰老的過程中會變得更有深度，同時也更能以平常心去面對、接納人性的矛盾。

* **階段八：八十歲以上**——軀體衰老的同時，得面對自己生命限度，對於外在世界存在的認知逐漸窄化，和內在生命裡一生所拓展的遼闊領域形成對比。

中年人生

在中年時期，約從四十歲至六十歲有長達二十年的期間，個體會開始對許多顯著的事實產生疑問，並開始面對許多消逝的人、事、物哀悼，同時也領會到自我蛻變的必要性。在中年人階段，每個經歷的外在事件，都會是邀請他去探索自己內在經歷的契機，好打造自己更為合理、一致的人生敘事，將之納入時間排序，也就是說非片段、間隔的敘事。以下是一份中年時期的人生事件清單，每一個事件都可能帶來新的契機與人生的其他可能性：

- 子女離家（對前父母來說會產生空巢期症狀）
- 前子女不想離家的現象發生

- 前子女突發性返家（單獨回家或是伴侶或小孩陪同）
- 晚生的小孩出生
- 意外或生病
- 親人去世
- 負起照顧生病或失能父母之責任
- 家裡迎接新成員
- 獲得祖父母的身分（對前父母來說，這個新身分有助於埋葬自己對子女的親職任期）
- 分居、離婚
- 鰥／寡狀態
- 重新投入勞動市場或是轉業
- 個人退休或是伴侶退休
- 失業或經濟狀況不穩定
- 搬遷，房產買進、增產等等

不管是正面或負面，這些事件都是人生發生轉變的原因，有助於對自己的存在價值以及生命意義重新提出質疑。生命並不僅是一個絕對的定義而已。甘地曾經說過：「生命是一種待體驗的奧妙，而不是一個待解決的問題。」②每個人和這個世界都是以最微小的自我以及「比自我更大」的事物親密連繫著。亞隆對此做出結論：「若我們越去找尋自我滿足，越是找不著。不過若我們越是經歷自我超越的意義，就越認識快樂。」[10]

成長即哀悼

每一個生命故事都伴隨著失去。若要改變自己的人生敘事，取決於我們是否願意多花一點時間，停下腳步，看看這些逝去的人、事、物，體會這些因為失去而產生的情緒，並用自己的眼光去衡量這些事件。在我們重新適應的同時，也可能會發現一些治癒及成長的契機。[11]

成長是一系列高潮迭起的事件所串聯的過程，其中我們能感受到自己的存在並學習如何展現自我生命力，更能夠看穿自己內在的奧妙並與其相連結。因此，「成為大人」是將自己從「成為我以為的人」導向「成為真實的我」的道路。這種經歷

② 此引言應為索倫・齊克果（Soren Kierkegaard）之名言，而非出自印度聖雄甘地。

是一種脆弱又複雜的建構過程，不免會將我們推向自我厭惡、自我逃避與自我否定的狀態，或是推向完全相反的人生路徑，走向自我認知、自我評估、自我統合的生命道路。

面對生命的無常，人類始終是在一種情緒與人際關係動態中找尋自我、成長以及磨練自我的意識。法國社會心理學家尚－皮耶．布迪內（Jean-Pierre Boutinet）就將自我意識的建構分為三種狀態：

- 「為一種永久狀態，是一種在時間裡持續存在的感受，使個體在生命的故事層面認知到自己的獨特性。」
- 「為一種由歷經多元事件及變化後所滋養而分化的感受，在成人與所處的環境兩者間的關係裡賦予意義。」
- 「為一種對於自己的體認，或是藉由我們給別人的感覺，讓我們瞭解到自身對他人代表的是什麼，用他人的眼光來定義自己的感受。」[12]

相較於外在經歷，「成為大人」最根本的關鍵，在於獲得根據自己內在經歷所產生的自我意識。這就是為什麼對內在小孩的接納，對內在大人的甦醒是個重要指標。

拯救內在小孩

拯救自己的父母？

當我們以慣性態度思考時，會認為應該要「修復」自己的父母才是拯救父母，這種習以為常的想法並沒有人覺得不妥。但是這種慣性思考卻會在精神上產生各種痛苦：[13]

- 心理壓抑：我對自己內在小孩的感受無動於衷，認為一切不恰當或無法接受的言行都是合理的。
- 否定：我拒絕承認在童年時經歷過的那些痛苦真實存在。
- 抑制：我抑制自己的活力展現，理性化、最小化甚至合理化我的經歷。
- 易怒：我會在情緒混亂時，以發怒來掩蓋我的創傷經歷。
- 受害者情節：我將自己封閉在受害者立場來卸除責任。
- 控管：我將我的人生分層、隔離控管，這樣一來，在面對內在苦惱時就能感到安心。
- 支配：我迫使我自己不會掉入無力、脆弱的立場。

所有的精神苦痛既是一種屏障也是一種生存策略，而唯一的功能就是要確保內在小孩的安全，就算沒有任何人能夠拯救，至少還可以自救。一旦成年，每個人都必須負起提升內在小孩的意識的責任，來啟動精神上的治癒能力。因此，隱藏在陰影角落被放逐的內在小孩，仍會時不時地讓自己的聲音被外在聽見，進而去動搖成人。

以下是一位二十一歲年輕女性所寫的悲情詩，對於上述所提及的苦痛做了貼切的描述：

同樣地，孩童在黑夜中醒來，
希冀一雙手來暖熱她的身軀，
和一雙臂膀來包覆她的孤寂，
有誰，能向她展現充滿愛與信心的欣喜熱淚，使她平靜；
我也一樣，被遺忘、拒絕、不被牽掛，
在缺少愛的黯淡孤獨裡，
我仍以如孩子般的靜默哭泣乞求，
遙遠的希望，

感受到被愛的魔法。
那個一直沉睡在我裡面的孩子，
受了那被出賣、困惑的純真的傷，
唉，悲哀的矛盾啊！
猜想著自己可能得到救贖，
同時明瞭自己孤立無援。
雖是如此，也許只是種訕笑，做過的夢卻正刺激著，
那些關於接觸到珍貴、撫慰愛的回憶，
如此的強烈。
因此，我仍盼望。[14]

若想要試圖解救自己的父母，或癡癡等待一個外來解救者，那真的是大錯特錯了。假如你並不是一個有同理心、仁慈、友愛的人，那麼你會變成什麼樣的人呢？**過度適應的成人、幼兒化的成人或是親職化成人，三者皆不是真正的在自己的人生中向父母伸出援手，而僅僅是在使自己和父母的情感連結更加神祕化**。儘管將自己的內在成人喚醒，是一種負責任、正面應對的行為，其過程卻常令人感到不舒服而

使人動搖。但這樣的行動，卻是能使自己在原生家庭長期被忽略的關愛得以修復的一種契機。

前父母的懺悔或是前小孩對家長的原諒，不能算是真正解決問題的方法。儘管這可能讓家庭重新回到一種平衡的狀態，但家庭成員所付出的代價，卻是必須否定每個人的內在經歷。[15]三十年以來的心理治療經驗告訴我們，人只要是處於真誠正直的狀態，任何經歷的講述表達自然都能被接受。前小孩和前父母身為凡人的限度，都可以在充滿既感性又真實的人際關係中被接納。

說出心裡的祕密

四十出頭的艾洛思（Éloïse）目前從事社工相關工作，任務是陪伴一些對於融入職場有困難的年輕人。在艾洛思八歲時，父親因為突如其來的心臟病發去世，艾洛思經歷了人生第一次的創傷經驗。當時面對招架不住丈夫過逝的母親莫妮克（Monique）以及五歲的弟弟皮耶（Pierre），艾洛思很快就擔起了「媽媽」的角色，幫忙打理日常家務以及照顧弟弟。艾洛思非常勇敢，長大以後也自然而然地成了女強人。她的外表看起來很有自信，但是生理上卻承受著巨大的苦痛。原因是因為過胖，她過於貶低自己，也時常對自己的身體感到羞恥。她常常為了無法控制的焦慮感所苦，只要一想到假如弟弟或媽媽受傷、生病或去世這些生離死別的發生，就會非常焦慮。因此她開始向專業心理人士求助，展開了一些個人和團體諮商治療。

果真三年後，當家裡三個人達成共識，承認家庭功能已經過於緊密且令人喘不過氣時，艾洛思向全家人提議一起做家族治療。自從父親去世以後，艾洛思便自動地進入親職化模式，一肩扛起父母的職責；而弟弟皮耶卻朝幼兒化模式成長。他在姊姊的支配與掌控之下，沒辦法過自己想要的人生。即便他在事業上有想實行的計畫，卻一再地推遲。而母親莫妮克，自從失去了丈夫之後，便時常感到孤單。她在兩個孩子面前會表現出自己是受害者的樣子，姊弟倆也時常怪她為何無法從悲傷中走出來，一直讓自己陷入憂鬱，害得兩人也無法感到快樂。

在第一次諮商時，我們就帶入了關於三位家庭成員對父親尚未解決的追悼話題。我們在房間裡放了一張空椅子來代表已故的父親。三位家人對於那還沒處理的情緒都有所反應。莫妮克哭著埋怨丈夫拋下她自己一個人，也沒有做到一個好父親的角色。皮耶則是得到了釋放，從一個長年以來，他的媽媽為了讓他和死去的爸爸有所連結而每週舉辦的儀式中解脫。最後，艾洛思，深深地被媽媽和弟弟的坦白觸動，並放下了在她小時候遇到性侵時「爸爸應當要保護她」的這個念頭。這個說不出口的祕密，起因於爸爸的一個朋友保羅（Paul），長年性侵艾洛思。保羅不斷地操控莫妮克要她將女兒「送」給他。艾洛思遭到保羅性侵的事件，變成家裡長久以來不能說的祕密。

直到之後的一次諮商，艾洛思才決定把這個將整個家庭系統破壞，隱藏已久的真相揭露出來。

艾洛思：「今天我必須提起一個對我來說很棘手的話題，而且我會怕。」

治療師：「妳在害怕什麼呢？」

艾洛思：「害怕我像小時候那樣不被媽媽理解。」

治療師（轉向媽媽）：「莫妮克，您覺得您可以理解女兒嗎？」

莫妮克（害怕貌）：「好，我會試著理解，但是我希望您可以幫我。」

治療師：「別擔心。我完全能夠理解您的意思，我們今天在這裡就是要找到讓每個人都能自我解放的管道。」

艾洛思：「媽媽，我想針對發生在我十歲那年的事件談談。」

治療師：「艾洛思，妳剛剛叫了『媽媽』。不過我想請妳試著像是在對當下的莫妮克講話一樣，這樣我們可以清楚將她只屬於過去的母親職責作區分。」

艾洛思：「好的。莫妮克，我想回到發生在我十歲那年的一件事情。某天晚上的十點三十分，我已經在我房裡入睡了，妳卻把我叫醒。我以為又有什麼不好的事情發生了。那時候，妳的樣子怪怪的。告訴我趕快穿好衣服，因為保羅在等我。雖然不清楚發生什麼事，但我還是乖乖照做了。然後妳大半夜地把我弄上他的車，讓車子開走了。（艾洛思這時大聲啜泣，弟弟非常心疼。此時，莫妮克仍保持冷漠。）

治療師：「艾洛思，在繼續說之前，先請妳好好地深呼吸。」

艾洛思：「當我們到保羅家時，他命令我脫衣服然後躺在床上……他的床上。他隨即到浴室裡，我整個人嚇到僵硬，一動也不動。我當下覺得很冷，感覺被困住、拋棄了。我以為我要死掉了。當他回來的時候，我就把全身蜷縮到棉被裡包得緊緊的。他開始對我大叫，說我在胡搞瞎搞。他身上只有一條內褲。然後他躺下，把自己捲起來靠著我。然後他的手就滑到我的衣服下面，強暴了我。當下忍無可忍，用盡了所有的力氣聲嘶力竭地大吼。他害怕鄰居聽到也開始慌張了起來，極盡所能地把我咒罵了一番，然後把我拖上車，丟回家。」

治療師：「莫妮克，您還記得這件事嗎？」

莫妮克：「記得，但我不知道那時保羅要做什麼。」

治療師：「莫妮克，我建議您在這時候先不要為自己辯解。我需要知道您當時在想什麼，感覺到了什麼。您覺得您把十歲的女兒大半夜交給一個男人，這樣正常嗎？」

莫妮克：「我當時只是想說那樣太好了，有保羅幫我帶女兒幾天。」

艾洛思：「我回到家的時候馬上跑回我的房間，不過因為保羅對妳大吼，我中間停了下來。他當時對我的行為很憤怒，而且我記得妳吞吞吐吐地對我說：『對不起。』」

莫妮克：「對，我是為那件事真的很對不起。我希望得到妳的原諒。」

治療師：「莫妮克，這不是原不原諒的問題，是要幫助你們如何從苦痛和祕密的鴻溝中釋放出來。」

莫妮克（突然不安了起來）：「我不知道該怎麼辦，也不知道怎麼做……」

治療師：「您當時一直有這樣不知所措的狀況嗎？」

莫妮克：「一直都是。我失去了丈夫，也失去了自己。我感到非常無力。我看著自己做事但卻感覺這不是我，一直是個活死人樣。況且，現在講這個都太遲了，我什麼都不能改變。艾洛思大概十二歲的時候曾經跟我說過保羅不好。但是我沒有去深究是什麼意思。過不久，我感覺到女兒可能有危險，所以我就把之前給保羅的鑰匙收回了，而且和他拒絕往來。我以為我已經很快反應過來，沒想到一切都太遲了。」

治療師：「承擔自己的責任永遠不嫌晚。莫妮克，您當時身為父母，應該對您的小孩負責，不是嗎？」

莫妮克：「對，但我搞砸了。」

治療師：「那在今天，您是可以做到的。我們就開始吧！首先，可否請向艾洛思說明，聽完了這些之後您明白了些什麼？」

莫妮克：「親愛的，我……」

艾洛思：「『親愛的』這種叫法根本站不住腳。我不需要妳的關愛，我只需要知道我還能不能夠相信妳。」

莫妮克：「我現在知道以前保羅傷害了妳。」

艾洛思：「不是，這才不是我剛剛說的。」

治療師：「莫妮克，您能否試著重講一次艾洛思剛剛所說的話，重複一遍她用的字句、情緒還有內在的真實，這是能夠讓妳們真正釋懷的契機。」

莫妮克：「當我把妳叫醒時，妳害怕了。妳搞不清楚發生了什麼事。在保羅家，妳整個僵掉了，妳說妳覺得冷，感覺被困住、被拋棄了。妳說妳以為要死了。（莫妮克邊哭邊停了下來）我的天啊，我的小女兒啊……我沒辦法繼續，這太難了……」

治療師：「我就在您身邊，莫妮克，沒關係，請繼續。」

莫妮克：「之後，妳遭到性騷擾。」

治療師：「這不是艾洛思所說的話。哪些是她用的字眼？」

莫妮克：「他強暴了妳。」（莫妮克崩潰。）

艾洛思邊哭邊重複著：「對，他強暴了我，他強暴了我，他強暴了我……」

莫妮克：「我很心疼艾洛思……還有……我也是，我小的時候被強暴過……這是我第一次有勇氣說出口。」

莫妮克從女兒的述說中得知了發生在女兒身上不幸的事，雖然在精神上仍有顯著的創傷，所幸終於將自己從她心中那個沉重的祕密中解放出來。創傷事件會一代傳一代這種反覆的現象，就是因為我們把經歷過的痛苦視為個人的祕密而牢牢地將它們守住。神經科學研究顯示，若要理解自己的過去並與之和解，就必須擁抱自己私密的經驗，與自己培養一種同理、友愛的連結。[16]而內在小孩這樣的隱喻，便可以協助我們在心理上產生一種健全、解放的內在依附。

因此，若要將在家庭系統裡那些慣性的連結解除，每位家人都需要學習如何接納自己的內在真實。而說出祕密便是能夠解救內在小孩的主要關鍵。心理治療的陪伴，是為了確保每個人都能待在一個可容忍的情緒範圍內，扮演一個重要的角色。

心理學家及家庭治療顧問佩姬・蓓斯（Peggy Pace）談到：「治療師要像一個容器、控制器，去接住案主的各種情緒。治療師在場，就已經是一種有成效的擔保了。所以治療師需要在現場與案主在能量上有所連接，也必須在整個療程中給予情緒上的支持。」[17]

治療的進程進入尾聲，艾洛思在私人領域與職場上都有很明顯的轉變。她總結道：

> 我在我的療程中經歷了許多階段。我體認到當初我對於那套毒性的家庭制度竟然是如此忠心耿耿地服從，並背負著許多愧疚以及好多我根本不用承擔的責任。再來，透過療程，我才有機會以強烈的字眼向我媽訴說我小時候的經歷，還有那些她從來不知道的事，也瞭解到每個人對於束縛人的家庭模式的不愉快感受。我確實體會到也感受到家裡三個人都在受苦。而我一直以來想對媽媽說的話也終於說了出口，當時她應該要為我所經歷的事情負起責任，也應該要保護我。很感謝在心理師的陪伴下，我母親終於對她以前處理不當的行為重新擔起全責，這樣的結果讓我釋懷了不少。我已經不會再責備小時候的我，也不會將自己所有的不幸怪罪到她身上。我允許我自己朝內心深處那位受了傷的小艾洛思走去。如今，我覺得我們家三個人都

重新回歸到自己內在最正確的位置上了。我媽對我而言，再也沒有壓倒性的影響，我也學到了當事情對我來說不OK時，如何說不。

在弟弟皮耶這邊，也見證了自己在家庭治療後重獲新生的感受：

起初我對治療這件事抱著很懷疑的態度。我跟我自己說：「不管晤談幾次應該也不會發生什麼改變吧？」當我到了晤談室時，就等著我怎麼被宰割。結果……我的聲音在那裡被聽到了。我自覺的苦痛終於得到理解、被給予信心，也幫助我在不斷受苦的家庭模式裡放下，而且並不是為了要保護其他人而放棄。今天我可以很堅定地說，我們三個人都可以在彼此以外的世界活出自己。我對自己感到一股很強烈的自主權，讓我感覺終於可以實現夢想了。我離開了法國跑去加拿大定居。我也和我姊姊重逢了。現在，和艾洛思相處起來，我們都已經不是以前那個樣子了，不再是以前那種同謀關係。手足之間的情誼因此變得更自在了。

許多成年人的童年創傷經驗，都反映出危害人性以及根本的暴力問題。孩童是一個敏感性、脆弱性，同時又充滿智慧的化身，假如我們否定了小孩身上所有的一切，這種傷害會烙印在小孩的心裡，如同白紙上的斑斑墨痕，擦也擦不掉。[18]

歸還暴力儀式

很不幸地，對小孩做出暴力的舉動，是經常發生的悲劇。「日常教育暴力」（VEO）③指的是那些以教育為名而對孩子打罵、侵害親子關係的行為。這種暴力所產生的控管、支配手段或是權力不對等關係，皆會造成小孩身心痛苦。這種普世性的災難遍及各種文化及國家。根據聯合國兒童基金會於二〇〇九年所做的一份報導指出，百分之八十五至百分之九十的成人都會在日常生活中用暴力來教育小孩。[19]兒科專家凱特琳．各甘（Catherine Gueguen）說明：「之所以『日常』，是因為它會每日、經常性的發生，暴力被視為一種尋常、正常、默許的行為，有些時候甚至被某些群體所提倡。此外，還有『教育』的層面也在這個詞彙裡，是因為它屬於家庭教養以及中小學教育的一部分。而受到這個觀念影響的人，會認為打罵小孩都屬於正常教育，其目的就是為了教育孩子，讓他聽話。」[20]

為了使小孩臣服於權威家長的威嚇之下，日常教育暴力的施行涵蓋了拳打腳踢、

---

③ 日常教育暴力（Violence éducative ordinaire）為對小孩施展的身心暴力，如台灣的體罰教育。法語國家常用 VEO 縮寫來稱呼。

威脅、處罰、勒索、批評、貶低以及孤立等行為。這種恐懼害怕的心情，深深烙印在很多人的身體裡。而在成年之後，前小孩與父母之間的關係陰影也不會因此消失，而導致親子關係與情感的連結變質。因為覺得恐懼、羞恥、愧疚，很多人對於這些施加在自己身上的暴力行為守口如瓶。於是，尋常化、合理化，便是把對孩子施暴的言行正當化最常見的方法。

象徵性地把以前父母（或是其他成人）所施予的暴力歸還給父母，是一種讓關係成長的重要儀式。對於前小孩來說，歸還象徵性的暴力不僅是一種在能量上、情緒上，也是一種精神上的解放。如此一來，就能夠使永恆小孩在親情連結中卸下為自己父母擔起的重擔。至於前父母方面，歸還儀式是一種象徵性的轉讓。他將自己丟出去的「包袱」拾回，並爭取機會去承認自己所做過的言行。在面對自己的小孩時，若為自己過去的作為重新負起責任的話，那麼也能（有時是不自覺的）將自己從愧疚感中釋放出來。

然而，只有少數心理師會盡責到陪伴案主在前親子關係裡進行歸還暴力的舉動。第一，因為心理師並非是一個對個案的童年經驗很清楚的證人（這是減少心理師介入的因素）。第二，在家庭心理治療的背景下（也有其他背景可能），歸還暴力的儀式會比較容易實現。最後，暴力歸還這項複雜的功課，需要心理師用最嚴格也最謹慎的態度去執行，所需療程會長達好幾個月（甚至一兩年）的準備才能完成。不過，只要在心理治療中向第三者揭露自己苦痛的經驗，其實就已經算是進入歸還過程了。

在暴力歸還儀式的實踐當中，前小孩必須符合下列前提，才能夠將父母過往的暴力言行在形式上做歸還：

- 已經能夠辨認痛苦經驗的相關情緒（如恐懼、憤怒、狂怒等）並能適當地釋放；
- 已經習得如何使自己內在小孩安心的方法，或已經找回如何調節自己情感的能力；
- 已經探究過面對家庭系統時自己沉默的原因；
- 已經對家庭系統裡的日常教育暴力提出質疑；
- 已經徹底放棄對自己父母隱性或明確的冀望；
- 已經將父母再次人性化，且接受他們過去和現在身為凡人的極限。

暴力歸還儀式是心理治療過程中非常重要的一環，一種象徵性的標竿、至高點；

需要成熟且負責任的成人，以內在小孩之名來執行才有成功的可能。這種形式上的歸還，可以是父母在場或不在場時，藉由書信或物件來實現。

三十五歲馬可（Marc）向我們透露了他歸還暴力的儀式過程：

在我開始進行內在小孩心理治療的一年後，我對於我的過往經驗更有意識了。我那時不曾對我爸媽給的關愛有過任何懷疑，也覺得沒什麼問題。只不過，對他們教養我的方式非常氣憤。小時候，雖然媽媽從沒打過我，但會不停地拿竹條或是鞭子威脅我，我也會被她的咒罵聲嚇到，怕她真的出手打我。有一天，當我在跟我的心理師講起過去的一段畫面，我突然想到我自己家裡門後就擺著一根很粗的竹條。心理師有問我那是做什麼的。我回答說：「沒做什麼！」雖然我這麼說，那卻是我形式上歸還暴力的開端。我約了母親見面。我帶著竹條跟買來的二手鞭子去找她。我親手把這些道具交給她，並跟她說：「我想，這些東西是屬於妳的，拿去吧。這些工具代表著妳以前仍擁有母親職責時，對那個五到十二歲時的我，所說過的言語暴力和威脅。我是認真對妳的行為感到非常氣憤。不過，藉由這種歸還儀式，我將這些施暴與做過這些事的責任全部歸還給妳。」這些話說完後我就走了。幾天後，她打給我跟我說，她現在可以理解我為什麼這麼做。在那之後，她就再也沒有提起過這件事，但我感覺我們之間的關係好像變得比以前更好了。雖然我們之間仍有隔閡，不過現在這種距離，其實就是雙方互相尊重、也是較健康的距離。

馬可的歸還儀式對他來說意義重大。在他跟他母親見面的前幾天，得知了自己將要當爸爸的消息。愛麗絲．米勒表明了：「當我們還是小孩的時候，假如沒有機會去超脫我們所受到的藐視情況，並且有意識地過活的話，那我們有極大的可能會將那些暴力延續下去。」[21]因此，暴力歸還儀式成了對抗日常教育暴力的最佳方式。

象徵性的暴力歸還儀式，是心理治療過程中重要的基石。藉由這項儀式，我們可以揪出小孩究竟遭受過什麼樣的輕蔑對待。儘管如此，有時候這種歸還儀式還是會讓許多人藉機大叫天理不公，或是對自己的父母暴力相向。不管父母以前是由於什麼原因施加暴力，若子女口口聲聲要求父母負起責任，或是以恢復父母的名聲為由來執行儀式，這種不平衡的態度都將對正在找尋親子間的和解是一大損傷。

相互和解

在每個成人心裡，內在小孩都希望和自己的經歷和平共存。他並不希望是那些童年創傷來決定自己成年後的人生品質（雖說這些創傷影響層面甚大），而是和自己、自己的過去以及他人交織出一段平和的人際關係。這就是成人該做的功課了。我們必須要去理解每個小孩都值得被注意、被關愛，也值得接收溫暖。所以，點出那些對他來說不妥、難以接受，甚至是犯罪的言行，或是對這些事情感到氣憤，都是再正常不過的個人義務。這樣一來，我們能夠脫離那些有缺陷的過往模式，並清楚知道在人生當中，哪裡是讓我們的人際關係更有發展的適當空間。

當今，有許多人認為暴力是來自教育而不是來自人性。事實上，人類是有能力做出極為兇殘的事情，然而矛盾的是，我們的大腦卻不適合擁有暴力。因為暴力將損害到人類自然的社會神經能力，如：同情、仁慈、利他或是憐憫等心理能力。

因此，我們需要去釐清親子關係，重新評估淨化進而重新調整，使每個人都可以互相和解。若我們只是隨著祕密以及暴力所形成的流沙順勢往下，那麼就不可能有成長跟自我實踐的機會。在家庭治療裡，我們很少遇到會拒絕對自己所做過的言行負起責任的前父母。父母的最終任務就是不去否認、不去忽略前小孩的內在真實，或是去擔當那個責任，只管去接受。若這樣的真實無法真正被接納，那麼親子關係的重建既無法穩固、雙方也無法相互和解。

其實，達成和平的關鍵，在親子關係以及前親子關係裡就能夠建立。這當然不是一種烏托邦或是天真的願景。但是我們仍然可以對自身所勾勒的明日世界抱持一線希望。在我們心理治療的職業生涯裡，有機會得以觀察到好幾千個內在小孩的內心世界，以這種特殊的角度切入來解析人生，確實能夠讓每個人和自己有關連的世界平和共處。

最初的結盟

內在小孩心法並不是要去挖掘那些在家庭過往裡殘缺不完美的肇因。在每個人心中，永恆順應小孩會使成人在面對過去時，困在一種自我催眠狀態。而這種催眠狀態會使成人對現實的理解變調。談到這裡，如果去承認那些苦痛的過往，並且對這些經歷感到氣憤是應該的，那麼，當下去動用所有的資源來重拾自己的人際關係更是同等重要。我們拯救內在小孩的方式，就是將他拉回到現實的此時此刻，活在每個當下。

因此，當我們在跟自己的前父母溝通時，我們可以拉著內在小孩的手一起進行溝通。勇於揭露自己的真實內在，會幫助意識回歸到親情連結裡。這樣一來，就沒有哪一方能夠說自己不知道先前發生過什麼事。每個人也都能對自己的回應和抉擇負有一定的責任感。

第一次和內在小孩的連結，開啟了許多人際關係的可能性。不管擁有什麼樣的原因、理由，身為孩童時期沒有安全感、沒有受到保護、理解、支持、同情、照護、關愛的你，第一個該結盟的大人，沒錯，這號人物是確確實實地存在的，那就是：你自己。

成為自己的最佳盟友

自我教養（autoparentage）的才能

對於內在小孩而言，時間的概念並不存在。過往的一切經驗都能夠隨時隨地在內在小孩的生命裡即時地被喚起。而成人若想要填補自我成長中的空白，就必須先自我教養，也就是成為自己的父母。當往事再度被喚起，不管是愉悅的還是苦痛的，其實都是內心小孩正在呼喊等著大人來救援或鼓勵，讓自己得以繼續成長。也就是，其實每個人都有責任來包紮自己心裡的傷口，負起自我療癒的責任。

在我們先前的文章裡，提出下列一些自我教養的方法：

• 內在小孩經常需要的是**加油打氣的訊息**，像是：「我很開心你是一個小男／女孩」「你真是個可愛的人」「你現在可以自由地表達你的情緒與需求」等等。過去我們有一本著作便是在探討，如何在不同的年齡期修復自己的童年

經驗；[22]

- 擁有方便與內在小孩溝通的**象徵性物件**[23]，像是絨毛娃娃、玩偶、洋娃娃或是以圖畫代替。自己小時候的照片，也可以當作是跟自己童年經歷做連結的一個很好的切入點。
- **儀式的力量**也可以恢復那些被遺忘的潛力，「根據儀式暗喻以及象徵性的力量來執行時，效果更為直接。因為它不會阻礙精神或內心直覺所產生的疑問。儀式完成後，新的可能性就會在意識裡出現，在自己、他人以及與這個世界三者的關係當中，產生一種全新的關係界限。」[24]
- **成人與內在小孩話語交流的力量**：和自己內在小孩的交流，是認識自我意識的極佳方式，藉由對話練習，可以釐清自己的內在世界。

現今許多現象都不證自明：那些努力變成自己父母的人，比較容易控管自己的情緒和擴大自己感受的幅度。他們在人際關係中會試圖改善自己和他人的關係，也能夠發展出較深層的親密感。這些人通常比較自主，也和自己的前父母有所差別。事實上，自我教養就是一種分別的儀式，使個體自我超越，讓前小孩與前父母之間的溝通更直接、順暢，也更健康。因此，這些人也比較懂得把握當下、享受人生，放下以往戰戰兢兢的生存與自保策略。

然而，成為自己的父母並不像某些人所想像「個人主義、自我為中心或是自私」的展現。相反的，成為自己的父母，很多時候反而更能促進與親人的關係，並更有能力對他人敞開雙臂擁抱。

自我教養的經驗，有時候是在心理治療的互動中受到啟發而展開的行動。五十三歲的穆瑞爾（Muriel）向我們透露：

> 我在第一次做內在小孩的心理治療晤談時，真正讓我敞開心胸的契機，是當心理師在聽我陳述小時候的事時，我看見他的眼淚在眼睛裡打轉。他是第一個為我內心的小穆瑞爾而哭的人，這樣的舉動，鼓勵我更積極地對內心渺小、脆弱的我以同理心看待，也進而改變了一切，像是：我現在的生活、我跟我自己的關係，還有與他人的人際關係。我內在的小女孩的感受終於被聽到、被理解、也被認可了。

很多人就跟穆瑞爾一樣，在自我教養的過程中，都有一個和善的他者從旁協助。在療程裡，讓自己感到有責任去照顧受傷的內在小孩，也允許自己去解封那些曾經被譏笑、不被認同的才能。更重要的是，我們的心靈在脆弱、不完美的人性中找回了一席之地。

在我們過去的著作裡曾經提到：「你的內在小孩想像著父母是一個可靠的、持續給予關愛、安全感、照護、善解人意、認可以及鼓勵的來源。這些想像都是非常正當的，因為孩子對媽媽或爸爸的基本需求，僅僅是人類的天性罷了。然而，我們必須要跟自己的內在小孩解釋，父母並不絕對是好的。我們生來就不完美，但是我們可以努力做到持續進步、精益求精。所以，用行動證明給內在小孩看，讓他知道你會是一個更好的父母。在你短暫離開時，安撫他；也可以預先告知他，你有可能偶爾會疏忽了他的呼喊；甚至是背叛他或是傷害他，但是最終，你一定會帶著關愛回到他身邊，並覺察到那些讓他痛苦的事。」[25]

成為自己的父母，對於為人父母的人來說，也是一種很好的練習。小孩會因為家長堅定的關愛而找到更強大的力量，去消化那些在親子關係裡使她受到傷害的部分。家長若勇於承認自己的錯誤，不僅不會有損顏面，相反的，會因為展露出更真實的人性，在小孩面對真實世界的過程中實際地幫助到他，讓他能夠好好地成長。小孩是父母最佳的盟友，總是能夠辨認出哪些是傷人的，哪些又是鼓舞人心的。因此，他也會更獨立自主，學習如何去區分哪些情況可以自己處理，哪些情況需要外界援助，能夠對他人有所信任，取得實際的支持。能夠意識到這些的父母，便有能力做小孩的榜樣，給予孩子共感與和善的回應。

成為自己的父母，如同一種父母與小孩手牽著手的強大連結，足以灌溉自己乾涸的心靈。而當我們將內在小孩當做自己最好的朋友時，我們便能夠汲引這種同盟裡的另一項珍貴的泉源，那就是：重新書寫自己人生故事的能力。

重寫人生

心理學教授香塔爾・普湖（Chantale Prouxl）在她最近的一篇論文中，研究某些孤兒特別的人生軌道。她寫道：「許多的迷團已經開始引起世人的注意，像是那些生來就沒有母親，或是很早就失去母親的卓越學者、出色的藝術家以及有名的哲學家。」[26]我們發現許多孤兒的生命中，會有某種能夠「勝任自己父母」的角色特質，就像下列兩個例子。

第一則故事是關於天主教的聖女小德蘭的生平事蹟①。本名為泰瑞莎的小德蘭修女在她四歲時，母親就因為癌症去世。這樣的悲劇造就了她在小小的年紀就產生出很堅定的心靈寄託：

「『嬰孩耶穌・聖容・小德蘭』②與被遺棄在十字架上的耶穌之間的關係使她思考（penser），也使她為內在的受傷小孩『療傷』（panser）。她開始將上帝當成一位好父母來效仿，也將聖母瑪莉亞看作是自己『親愛的媽媽』的形象，學習如何像母親一般的照料自己。如此再次成為父母的經驗，對當時年幼的泰瑞莎來說並不容易，但同時也給予了她心靈上的韌性，去支持、探索以及發展自我的潛能。」[27]

第二則是心理學家艾立克・艾瑞克森（Erik Erikson）的人生經歷。艾立克一九〇二年出生於德國，父不詳，三歲時被繼父西奧多・霍姆伯格（Theodor Homberger）領養。擁有猶太人血統的他，於一九三三年移民美國，並申請歸化成為美國公民，同時也藉此將自己的姓氏從霍姆伯格改為艾瑞克森，而姓氏字面上的意思為「艾瑞克之子」。從那時候起，他就擁有既是自己的父親，也是自己的兒子的雙重內在身分。他接受了「自己的人生是自己的責任」[28]這樣的事實。

成為自己的父母，會重整自己的生平敘事，把錯綜複雜、不完整、零碎的人生經歷放回內在中心點。不管我們有沒有自覺，每一個前小孩，或多或少在某方面都是以自己前父母的人生經歷為樣本在過活。就因為對親子關係的忠誠有所執著，所以總是試圖去修補那個不屬於自己人生故事的破洞。而比起其他人，因為生命中缺

---

① 聖女小德蘭，是法國天主教會二十世紀聖女之一（原名 Marie-Françoise Thérèse Martin，一八七三～一八九七）。

② 聖女小德蘭之封號。

乏親情，孤兒通常會比較傾向於將自己的故事寫下來，假想著偉大可親的父母的故事，而一直被困在發展理想化的經歷情節中。

「成為大人」這件事，的確可以透過假裝把自己當成無父無母的孤兒，而重新負起自己人生道路的責任。這可以和原生家庭系統所寫出來的正史做出切割。這樣的「正史」書寫，在表象中佯裝好像很瞭解每個家庭成員的經歷一般，並用正統的家庭故事去定義他們。不過，這樣的敘述方式，美其名只是在宣布每個成人都該永遠是自己父母的小孩的那種狀態。若我們將自己當作孤兒，這會讓自己超越所有外在親職的束縛，而在內在得到解放。

因此，當個人在重拾自己的真實經歷敘事時：「雖然我們不能改變自己的過去，但我們可以改變跟自己過往的關係。我們藉由很鮮明的印象來源，去追憶那些被保存在腦海裡的過往片段，來重寫自己的人生故事。不管痛不痛苦、快不快樂，內心的印象來源（images-sources）會和那個在幼年的主要經歷以及主導的人生敘事分庭抗衡。」[29]所以內在小孩療法的其中一個好處，就是可以讓內在印象來源顯現，並重寫自己完整的人生故事，寫出更有發展性的情節。

印象來源，其實就是童年經驗，不管是真實或是幻想，都是被身體記住的痕跡。心理師的治療介入會引導出內在印象以及身體感受（自我表象的重要支柱）而創造出一種人生新敘事：「在過程中，當內在小孩的觀點被重新擺放在敘事核心，被充分地理解與傾聽，那麼印象來源就會被納入個人的真實人生敘事裡，佔有一席之地。」[30]

人生敘事的重寫向我們證明，世界上沒有任何事是取決於決定論的，每個成人都有能力去創造自己想要的人生。只不過，假如一直維持待在父母身旁的小孩狀態，就無法讓個體化的過程順利進行。

過往完結篇

將自己過往的人生終結，意思即是離開父母，從家庭出走。這裡的「離開」代表啟程，一種為了成為自己而必要的分離，同時還指出了一個「回程」，因為沒有人能夠以失根、無過往、飄渺的方式向前展開人生。「成為大人」一詞其實在各種神話裡都出現過，只是找尋一個循環週期讓自己回到原點的形式有所不同。這正是托爾金小說《魔戒》裡比爾博．巴金斯（Bilbon Sacquet）或是他的姪子佛羅多所尋覓的「往返」旅程，或是古希臘詩人荷馬所寫的《奧德賽》裡的尤里西斯，所有的神話都揭露著一個真相：回程中，沒有任何事情跟出發時是一樣的。在喚醒自己的內在成人時，同時也啟動了和自己內在小孩重逢的契機。這個被歌頌的新個體，已經多了一點成熟與鑑別能力。這個過程徹底改變了和自己情感連結的本質，也預示著一種和他人產生同盟的新方式。

有些人，從不曾踏出第一步；也有些人，頭也不回地再也沒回來過。因此，我們不需要對每個人的人生路程有偏見，不管它是否暢通，這樣的尋覓過程是永遠真實存在於每個人的心中的。而當前小孩回到前父母身邊時，已經不是過去所經歷過的那個結果了。因為他已經有了和自己最堅強的連結，也是那個勇敢大聲宣布和父母有著新同盟關係的人。前小孩這時心裡明白，每個人都是完全自由且有責任感的，這就是為什麼他能夠認知到人際關係的極限與界線的存在。

對過往完美的終結，雖然不容易達成，但可以告訴自己：「**正因為我不瞭解我的前父母，他們也不瞭解我，所以，若可以，我們一起去挖掘究竟是什麼樣的過往，在此時此刻成就了今天的我們。**」

第八章

親情狀態的各種牽絆

倘若我們有能力征服或改變我們身處的系統規則，就能帶給家庭成員一個轉變的機會。因此那個把我和他人束縛在一起的情感連結，使我感到痛苦的原因所在，其實也能夠成為將我從中解脫，同時解放他人的途徑。

—— 摩尼．愛卡因姆

從親子關係到本體關係的羈絆

連結蘊含意義（prégnance）①

人不能沒有他人而獨自存在，所以人類的經驗累積，主要是從和他人情感連結所蘊含的意義開始形成。例如，嬰兒對自己的父母產生依賴，為的是接收到關愛與照護，這些能夠存活下來的必要條件。而父母對孩子來說就像是一面鏡子，在成長過程中，幼孩會從父母身上接收到一切訊息來建構自我的認知。同時幼孩也像一塊海綿，會吸收各種存在於家庭系統裡的情緒、表徵以及無意識的資訊。然而，這並不是指幼孩一直都只有進行消極的自我建構。他不是那個我們一心想要倒滿水的花瓶；他有選擇接納或拒絕的權力，也有定義父母的親情以及家庭情感的能力。

每個生命從出生以來，都有一個意識與意志，我們稱之為「內心領航員」「小孩之心」「自我」，在身分的建構中時常受到忽略。這種小孩之心，也可以解釋為自我超越（transcendance de soi），通常在童年時期雖僅短暫出現但卻能夠感受得到，那是一種次要、隱性卻真誠的人生經歷，是內在真實的守護者。我們之所以用「內

① 英文 pregnance 於瞿景春的《視覺心理學》中譯作「完形趨向」「蘊含意義」。二〇〇六，五南圖書。

在小孩」一詞，是認為這樣的隱喻，應該是能夠理解或聯繫一個人內心的高尚動力，也是最直接且有效的方式。艾瑞克森證實：「在人的心中不只有一種身分……事實上每個個體中都有一個可以超越社會心理身分的『我』……就算經歷過社會心理的摧殘，仍可以保持毫髮無傷的一種純粹身分。」[1]而這樣的摧殘始於家庭，後至學校擴散，並在成年後蔓延開來。

因此，情感連結在生命的存在裡蘊含許多意義。它們是使個體成長並在意識裡展現其存在意義的契機。然而，許多人至今仍是以他們在人際關係中所擁有的情感連結來定義自己的人生，因此無法區分真實的自己與人際關係所定義出的自己之間的差別。

透過人際關係來定義自己

以自己與父母的情感連結來定義自己，時常是一種不自覺的行為。有些人會雜亂無序地想起父母的輪廓身形、社會地位、遺產、熱情、品質、價值、習慣、政治傾向或是品味，覺得自己就和父母一模一樣，無意間增強了家庭的團結以及延續性。在不去質疑這些父母留下的痕跡以及家庭遺傳的情況下，我們可以捫心自問，關於父母對事物聯想的堅持，其實有沒有繼承都沒什麼關係。而習慣性地以求助於父母、長輩的行為來定義自己，談及自我，或是以這些來合理化自己的想法，這些行為都很常見。但這往往就是一個必須要去注意的徵兆。確信自己和父母相像並肯定這樣的事實，只會把外在主要的影響排除在外，同時也會低估外在世界以及人際關係在你人生存在的價值所發揮的影響力。[2]

在同化與分化中找到平衡，對於自我意識的建構和進入自己內在真實是人生最根本的事。因為自身受到人際關係的主導與影響，較容易產生貶低、限制、窄化自我等現象，不僅會削弱自己一部分的力量，也會縮限個人獨特的生命資源。如同喬錫安（Josiane）的例子：

因為家裡有一個酒鬼爸爸還有一個軟弱的媽媽，我的童年跟青春期一直在苦痛中度過。我的家庭既矛盾又衝突，也一團亂，像是我常在「愛妳唷，親愛的」和「妳這個骯髒的賤貨」這些完全衝突的字眼之間度過。

因此在青春期時，我得了厭食症。我把父母對我而言一切具有毀面性的言詞、行為都當作沒事，只留下他們比較美好的印象。在我三十歲那年，無意間翻出了我十四到十八歲之間寫下的私密日記。在重讀日記的過程中，發現我當時擁有很不可思議的力量，頭腦也十分清晰。我的字句非常犀利，對於周遭毫無善意。很明顯的，那些才是我真正的想法。我一邊將我自己真實的一面放逐掉，一邊繼續用父母親期待我的那個形象來自我定義，確實是個「軟弱又可悲的存在」。當我意識到這個事實以後，我開始調整自己和他人相處的模式。我開始勇於展現我友愛、充滿熱情、歡樂的那一面。結果在我的人際關係中有了相當大的轉變，我也慢慢地改善了我的飲食問題。

兩位美國心理學家馬爾科姆．史拉文和丹尼爾．克里格曼（Malcolm Slavin & Daniel Kriegman）提出，個體會保留一種為了保護自己的親人，不可避免地自我摧殘內在的獨特性。這些特性便是一種保護自己免於受他人影響的策略，也是一種真實自我的暫時性掩飾。事實上，「社會環境不應該逾越某些界限去定義『自我』……因為『環境』從來就不是一種中立的因素，本質上也不是完全對我們有助益的盟友。」[3] 喬錫安的經歷向我們證明了這點。她的私密日記保存了她真實的「我」的痕跡，就像是史拉文與克里格曼定義的那樣：「真我的呈現是一種普世又獨特的存在，而其中最大化、現實化真我的行為，會向每個個體顯現一種充滿生命力的感受，或對自己的人際關係背景產生一種踏實的歸屬感。」[4]

至於對「自我」的掩飾，只要成年後還對自己的父母有所依賴，依舊抱持著「只要繼續這樣做，可能就能得到那些從未得到過的東西」這樣的想法。[5]因此自我掩飾的情況會持續到成年後，讓人始終無法對自己在家庭系統中所處的立場與職責提出質疑，只是忠實地接住那些老一輩要幼輩承接的責任與負擔，那種不需要去鑑別與釐清，讓自己慢慢遠離自我，苟且地以循規蹈矩的方式繼續生活。

基本上，個體化屬於一種在人際關係當中，如何在他人面前做自己，同時去回應自己希望得到理解與接納的一種藝術。倘若在自己的原生家庭無法達到這種狀態，那麼在其他地方尋找歸屬感也不是什麼壞事，也許反而更健康。

有些家庭的運作模式會將外在的世界描述為充滿危險的地方。對於這些家庭而言，人生的艱難與不確定性都是種風險，所以不管自家小孩年紀多大，都要盡可能去保護他們。這些家庭也會鼓勵社交的自我封閉。然而一個家庭「健全的演進」必須要對內在訊息（像是那些從家庭成員裡解放的渴望）、外在訊息（那些從外面帶回來對家庭影響的事物）有一定的開放程度。

離開家庭，與其說是逃離充滿敵意的家庭環境，不如說是尋找自我。活出自我，也就是從自己的家庭背景出走開始。雖然我們可以在自己的家庭環境中感到自在，但是若沒有經歷過普世神話中「出走——返回」的這段路程，便無法真正地做自己。成為自己，其中的涵義，就是放棄那個被其他家庭成員所定義的身分。

你的內在小孩自然是世界的中心。這種「我，即是世界」的想法，會在他心中迴盪，促使自身與世界連結，融入外在世界，並在其中生根。他的想像會將他帶離父母敘事及家庭界限之外。從今天開始，你可以啟程，一一檢視你的人際關係之循環。

人際關係循環

當我們談到前親子關係或是家庭成員間的情感時，通常「愛」都會是用來引述家庭團結的力量。然而，事實上，「關係連結」是比情感還來得更深層的聯繫。關係連結首先會碰到的是結盟經驗。雖然關係連結能夠將各個個體連結起來，卻不見得要去定義它，有的話也只是部分定義而已。而人與人之間的相互依賴，不可忽略我們在和他人的關係連結中，其實對空間、自主、自由這些面向皆有很大的需求。

成人為了要回應他的生命渴望，會對於關係連結的不同面向進行思考，從「自動現象」（經歷不自覺被強加的連結）到達「自由意志」（由完全信任與完整的狀態下自由選擇與培養的情感連結）：關係連結就會決定人與人之間的互動是位在哪個位置（和其方法），以及有什麼該履行的職責（和如何履行）。因此，每個人都應當釐清自己和他人之間的人際關係的結構與脈絡。

我們可以透過這五個人際關係的連結面向，來尋求個體化。對於成人來說，人際關係有三個主要的試煉：A、啟程，B、開始，C、返程。如下圖，概述了人際關係的循環途徑：

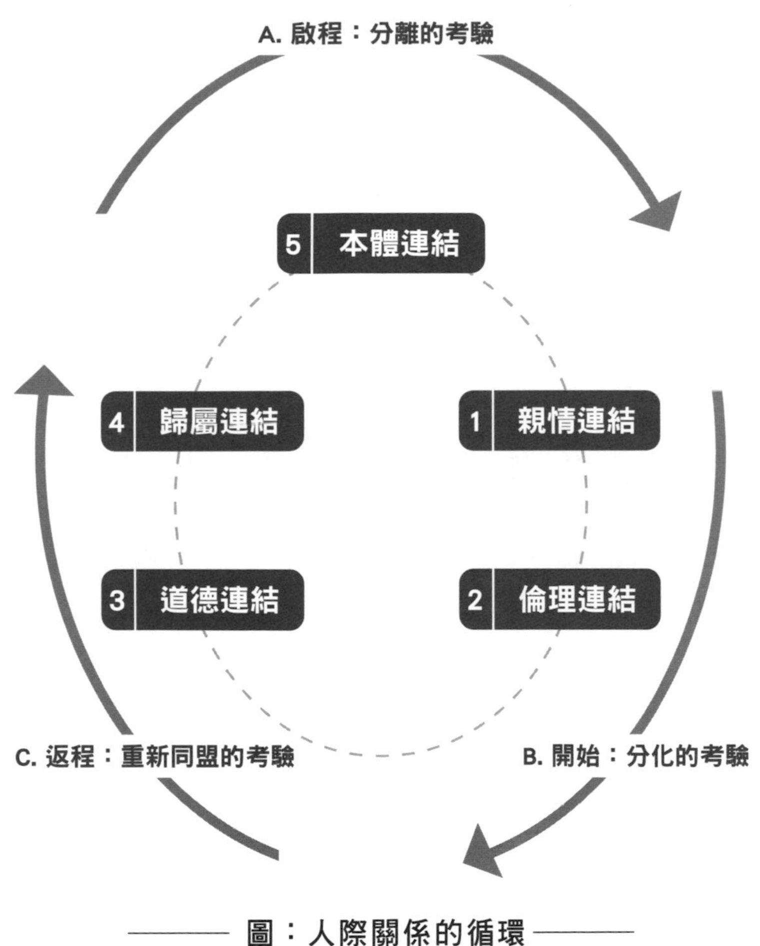

圖：人際關係的循環

這五種面向的連結存在於每個人的心中，就像是英雄經歷長途征戰的步驟。你想要成為自己生活中的英雄嗎？英雄的概念其實是一種典型的「為社會和個人充分發展與解放的普遍途徑……對小孩來說，英雄會幫助他們成長。對成人來說，英雄會幫助自我實現。」[6]這種根本的形象。

因此，每個連結都有可能在不自覺的情況下發生，進入英雄長途征戰的旅程中，改變人生的冒險！

連結的五個面向[7]

親情連結：關於根源

儘管沒有真正血親上的連結，親情連結是為了要滿足人對於一個家庭或是一個生命故事有歸屬感的需求。小孩會想知道他從哪裡來；如何被製造出；或者他的存在是否受到別人的期待，以及他是怎麼被迎接到這個世界上的。他也有對生活周遭認知的渴求，像是：天空、樹木、花草等是怎麼來的。因此，透過瞭解與掌握自己生命故事的來源，方能順利成長茁壯。這樣的提問深度，展現了一種對自己在世界上的歸宿所拋出的疑問。我們一旦知道自己從哪裡來之後，便能夠出發去探索其他世界。

然而，這種慣性的親情連結並不會促進心靈解放。舉例來說：「我姓杜杭（Durand），我屬於正統父子相傳之杜杭家族。」這種慣性連結會強調父母的權威且會將上對下的長幼關係正當化。這種觀念通常是由父母主導，帶領子女們的生命原動力。

倫理連結：施與受

「給予」「接收」「歸還」是構成人際連結的基本要素，人與人之間便是透過這些要素的連結，自然而然地對彼此產生忠誠感。但是，在這個階段要承擔的風險是，孩子必須做父母永遠的義務人，去回應父母那些對自己不甚平等的期待。在倫理連結下，個人無法擁有和父母平起平坐的感受，因此若要釐清親情債權關係，勢必要超越這種狀態。為了達到自我解放，前小孩會對家庭展現不忠，這種解放式的背叛縱使令人感到不舒服，但至少可以做到忠於自我。

妮可．皮爾對此補充道：「對父母來說，這也不是件簡單的事。為人父母，需要做好『等著被人嫌棄，之後又再被重視』這樣的心理準備。……確實，不僅要接受『可能會失去自己所想像的理想小孩』這件事，同時也得讓自己接受不再為人父母的那種顧影自憐，或是無法成為孩子們心目中『好』父母的形象這樣的想法。」[8]

其實，不自覺的倫理連結，會讓前小孩困在自認無力償還親情債務的狀態裡，並誤以為只要給予自己的子女同樣的付出，就可以解除債務的錯誤印象，這也就是為什麼倫理連結仍持續存在的原因。每個人都是上一代的債務人，這樣的義務從上一代一直傳到下一代。例如：「我媽一生為我犧牲奉獻：她放棄了工作來全力支持我，照顧我，我欠她欠得太多了。」

道德連結：價值觀傳承

道德連結，是建立於展現和傳承家庭系統價值上的一種連結，是一種會使家庭緊密接合的共同基礎。為了要加強孩童的道德智慧（intelligence morale），家庭價值必須開放、尊重多元。而價值觀並不是只靠花言巧語來捍衛就行了，重點是要如何按照我們所堅信的原則來處世。倘若父母的言行不一，就容易對孩子造成全面性的影響。

孩童道德智慧的啟發，是一種真正的革命。這種啟發會深深地改變童年人生的視野，顛覆現有教育實踐的方法。教育無法強制，也不能過度放任。在一種有架構、連貫、自由且開放的環境下，孩子自然而然能夠對事物充滿熱情、專注力，也樂意合作。

然而，不自覺的道德連結，為了使家庭不受威脅和動搖，會讓許多生硬的價值觀強加於家庭中的每個人身上。而這種生硬而僵化的價值觀，往往在掩飾那種封閉、不寬容的價值展現。在這種不自覺的道德連結裡，價值觀則淪為空洞而刻板的宣傳口號。例如：「家庭，是神聖不可侵犯的。無論我的爸爸、媽媽、兄弟姐妹做了什麼，他們都可以依靠我。」

歸屬連結：共同儀式

歸屬連結會因為有某種需求或某種情感而表現出來。它是一種鞏固家人之間的默契與凝聚力的共同儀式。然而，若儀式只是為家庭凝聚力而服務，那麼很快地就會貧乏、失去意義。若要建立一段健康的歸屬連結，每個人都需要對彼此的情感與利益予以尊重，那麼在這種健康的關係當中，每個家庭成員都能夠感受到自己的獨特性被接受與認同。

但是要注意的是，不自覺的歸屬關係會為「家庭」這一個詞彙注入過度強化的力量，彷彿歸屬於自己的家庭就等同於成就自我。例如：「我的家人比誰都瞭解我。

他們是唯一真正知道我，也能夠接受我的人。」

本體連結：認可每個人的獨特之處

本體連結在於認可與接受每個家人的獨特人格。這種連結需要建立在真誠的關係中才能互相展現出來。本體家庭（即優先考量個體存在的家庭）會提供資源給孩子且成為孩子的依靠，使他能夠勇敢地去自我實現。這種家庭會陪伴孩子自我發現，也會支持他的感性渴望與夢想，更會促使孩子發展出自己特殊的能力。本體家庭裡會擁有團隊精神，支持每位家人的獨特性，也能夠讓家人充實自我。本體家庭也比較容易接受家庭成員的離開，因為離開對他們而言，也是屬於再生循環的其中一個環節。

然而，在不自覺的本體連結裡，有時可能會要求個人去服務團體，而使他的特質只有一部分被接納。舉例：「我出生於法律公證從業人員的家庭。我大學學了美術專業。雖然當時我很喜歡美術，但最後我還是基於理性抉擇了我的人生，如今我也是一個公證人。」

關係中的長途冒險

對英雄來說，關係中的長途冒險即是一趟「往返」的旅程，是一種追求內心解放的生命探索階段。英雄離家的理由，是因為在家中根本上無法做自己。而一旦達到一定的平衡點時，他就能回歸家庭，並沒有所謂的退步或是失去自我的風險。在此階段中，新的同盟關係是可能發生的。個人英雄會跨過內心永恆順應小孩那關，使自己變得更成熟、思緒更清晰。這樣的超越，能夠在生活各方面都有突破，不只是抉擇或意志堅定的結果，而是一種經歷了人生三大考驗後的成果：

- **離家或分離的考驗**：個體會被鼓勵去增強所有為離開而作準備的能量，這種啟程「可能發生在一定的年限裡，是整個人生的再出發。這跟從家庭以及社會影響中漸進式的退出方式有關。」[9] 分離的考驗，會使個人和自己父母共組聯盟的童年印象（真實的或幻想的）有所切割。離家是個人真實人生潛力的「重組」，很多時候父母再怎麼用心注意，也很少能察覺到這個事實。而年輕人往往必須經由遇到另一個人生導師、一段戀情或一趟國外旅行的事件發生，才會對離開家的意義有所領悟。
- **分化的考驗或啟動**：若要成為英雄，成為自己人生的創造者，分化不是一種選擇，而是一種必然，一種將自己從不自覺的階級關係中解放出來的人生關卡。這個過程能幫助傾向於服從上級領導（家長、上司、精神導師、上帝等）的人，對社會、家庭規條的既有秩序框架提出質疑[10]。這些對社會規範影響有所抵抗的人，比較不會循規蹈矩，也比較有創意。在遇到困境時，這些人會找到意想不到、快速的解決方案。儘管自我解放的個體通常被指責為叛逆、以自我為中心甚至是危險人物，卻是能夠使整個社會重新再生的人。分化的考驗，在與普世價值的一些原則互動過程中，幫助我們培養個人意識，也會為我們增加道德智慧。這種分化過的個體其實並不是反對權威，而是在捍衛一切生命形式的神聖性質。在所有的人際關係裡，他會憑藉一種正義倫理（一種公平、同等尊嚴的感受）的初衷出發，同時以關懷倫理（照護以及同情之感受）來跟他人連結、互動。

- **重新結盟的考驗或回歸**：要面對自己前父母的成人即是前子女。倘若親子之間是以這種「前」關係來互動的話，其侷限性和可能性也會隨之浮現。前父母，在一種平等的互動交流中，可以從前子女身上學習，反之亦如是。在一段健康的前親子關係裡，我們並不會否認過往，反而是在認知、實踐新規則時，將過往篇章就此闔上。在執行這些新規則時，也會開闢另一個新的親子關係空間，但前提是雙方都願意去遵守和採納。重新結盟的想法令人興奮，達成的要求卻也很高。為了能夠健全地相互結盟，前小孩必須做到跟自己說「其實對自己的父母並不是很了解」這一點。而我們也必須要記得，孩子與父母的關係本來就是一種複雜的建構，是由不自覺連結、個別形象與家庭規條所交織出來的，所以也時常會將對方的形象去人性化。

重新人性化自己的父母

父母形象

香塔爾．普湖證實，我們種種的言行都是一種原型，且被很多外在的形象所凌駕[11]，像是父母的形象、子女的形象都是很強大的，而他們的影響力也都被嚴重低估了。這些原型會以無意識的形式影響我們每個人，也就是說，每個人多多少少都會因為自己的原生文化、經歷以及人格，被父母或子女的表徵所左右。

五十五歲的亞艾樂（Yaëlle）在探索其母親形象時，一鼓作氣地寫了一段話：

誰是最漂亮的？是媽媽。自從我學會說話以後，重複說這句話幾乎成了一種日常儀式。每當媽媽經過三十分鐘化妝，從浴室走出來時，我就目不轉睛地盯著她，知道那就是我最崇拜，最迷戀的媽媽！對我來說，媽媽這個名稱就是一種魔力。在我很小的時候，媽媽便令我驚艷、著迷卻也讓我恐懼。我一直都需要仰仗媽媽來瞭解自己在做、在想、在說以及感受到的事物。打從出生以來，我整個身心靈都屬於媽媽的。她的言行讓我一個口令一個動作，只要一想到會讓她失望就讓我很恐慌。媽媽，她很強大，什麼都不害怕，她敢做任何事情，也上知天文下知地理，總是有很多奇想，沒有任何事情可以阻止她。她是一個勇往直前的人。我從不知道跟她在一起會發生什麼事。好的也好、壞的也好，我一直試著讓我自己迎合她的期待、她的要求、她的指令、她的勒索，她的苦痛⋯⋯。從我五歲開始，我就採取一系列的策略應對，好讓我可以事先預知她想要的是什麼。儘管我用盡了所有的精力、創意、對她的注意力並獻身去滿足她，她卻不曾滿意過。她一直想要更多。她一直改變心意，而我，完全地失去了自己。

亞艾樂在寫下這些字句時，同時也意識到了自己跟媽媽在親子關係裡所經歷過的折磨。成年的她，停留在一種小女孩形象，依舊要去迎合威力強大的母親的期待。在跟媽媽抗衡時，她是無力的。她越是努力加倍去滿足媽媽——那個賦予她生命的人——卻沒有任何回報，越是被困在這樣惡性循環裡。有時，媽媽會跟她說：「寶貝，愛妳唷！」為的是隨後可以更加任意地排斥她。這樣的關係模式使亞艾樂不斷地經歷母親非人性化的那面，僅保留了母親像是一頭「怪獸」或是「女皇」的形象。而亞艾樂仍對那個假想、已經不符合現狀的母性代表有所執著。她補充道：「到現在，每每想到我母親時，有一部分的我還是很恐慌的，我仍很害怕她會不會不要我了。」

每個孩子都會內化一種依附關係，以及以想像中的父母形象作為親子關係的基礎。這些元素之所以存在，乃是因為由一種動覺、視覺、聽覺所組成的整體意象持續地在催眠成人，影響他與其他人之間的處事態度。而這也是導致我們前述的那種自我催眠狀態的直接原因。

另一方面，家長形象也是一種原型，由集體潛意識（inconscient collectif）的一些元素所構成，這也同時解釋了為什麼他們會失去人性的面向。對於小孩來說，父母擁有神一般的地位。這樣的觀念，賜予了父母遠遠超過人性現實、過度崇高的象徵地位，也一直祕密地在每個永恆小孩的心裡存在著。比如說，有些母親對她們的子女來說就是聖母一般的存在，儘管脫離親子關係後，在前親子關係裡，仍會持續想像母親完美的形象。

若小孩更有機會接觸到父母的人性面，那麼他就能很快地學會如何接納人性的不完美。而父母方面，若是能接納自己的強處與弱點，就能以身作則地教導小孩基本的道理。在家庭治療中，我們看到小孩很多時候只跟父母互動，但是其實小孩也有跟具有人性的其他人互動的需要。有太多時候，父母為了想要當個好家長，反而將自己困在自己的家長任務裡面。他戴著一副「事情都已經被好好地處理完畢」的面具，來掩飾自身的疑惑、自我能力的極限以及可能犯下的錯誤。因此，小孩若碰到戴著面具的父母，也會習慣戴上面具，當一個順從的乖小孩，或是一個無惡不作的小惡魔。因為他認知到，維持說謊的態度比說出真相更能討好他人，也更能繼續在父母面前扮演他們所期望的那種虛假的子女形象。

子女形象

當前小孩保持在被父母形象催眠的狀態時，前父母也無法拋棄對自己前小孩所投射的理想子女形象。有一種在神話中對父母形象的錯誤理解，會造成「父母對子女全心全意付出」或是「子女對所有事情『概括承受』來服侍父母、家庭或是祖父母」這樣的態度。

而這個在子女身上所產生的形象，其實是受到「神聖小孩」所啟發的。在許許多多的神話裡，擁有很多特殊能力的聖人，像是耶穌、摩西、佛陀、鳩格米西（Gilgamesh）①、海克力士，以及亞瑟王等。關於小小英雄的神話，通常都有以下這些相似的故事情節發生[12]：

- 被放逐的小孩，其實出身不凡，不是國王就是神的子嗣。
- 總有一個先知會宣布小孩的誕生，另有一些特殊徵兆去證實他不平凡的身世。其母親受孕的原因是來自魔法或是奇蹟。
- 小孩出生不久後就被拋棄，或是屈就於卑微的生存條件中，面臨要自立更生和獨自面對大自然力量的生存挑戰。
- 既有秩序的代理人都試圖要消滅那個被認定有危險的小孩。
- 小孩在經歷一連串的啟蒙後，發覺自己的天性並接受天職。
- 最後，小孩會重回自己的族類，變成一位領導者，改革自己的圈子；舊有秩序就此消逝，新秩序誕生。

大多數的人喜歡神話的理由，都是因為這些令人眼睛為之一亮的情節設定。在他們的眼中，小小英雄就是那個經歷過大風大浪，為自己的傳奇天賦而豎立威望的

---

① 刑義田著譯作鳩格米西，《西洋古代史參考資料（一）》，一九八七年由聯經出版。

孩子。然而，神話基本上是象徵性的，並不是因為某種具體的成就，也不是因為主角找到一種可以凌駕於他人或世界的神力，就變成神話故事的核心。其實，神話是一個回溯本我（Soi）經驗的過程。對榮格而言，「本我經驗是自我（ego）之潰敗」。[13]因此，神話就是一種對隱性意識探索的遊歷，描繪了人類成就根本的心理轉變。

在神話中，英雄的神奇力量並沒有人的屬性在裡面，但卻是一種本我的再現。神話，說實在的，也闡明了一種將自戀、幻想、偽裝的外殼層層拋棄的過程，為了重新成為一個完整的人，受到本我的啟發，成為一個有靈魂的生命。神話意在喚起從潛在的（有可能會存在絕對裡的）到真實的（具體化的）過程。脆弱與不完美是在這場尋覓裡，存於內在固有的力量，唯有英雄接納這些力量，才能找到讓更好的內在綻放的途徑。在這個過程中，他會自然而然地脫離父母以及那個虛幻的子女形象。

沉且，這些內在形象並不是真的，它們只是不符現狀、被神祕化罷了。那種碩大萬能的面向只會讓他們更顯得無人性。但凡在找尋真實的人，唯有透過拋棄，才能使不完美又待琢磨的人際關係邁向更健全的發展。

脫離內在形象

父母或子女形象會被兩種相反的力量所強化：一種是創造性的，另一種則是毀滅性的。小孩在建立內在形象的思考模式當中，會因為這兩股力量的劃分，去極大化正面的快樂泉源，或將負面的經歷視為所有不幸的來源。因此，若是和能夠接受自己不完美的父母互動，小孩就能自然地放下他對事物過度理想化或黯淡化的堅持，那些自我內化的形象就變得更正確、更平衡，也因此更有人性。

慣性內在形象的維持，通常是成年後人際關係發生問題的癥結所在。假如前父母或前子女被過於理想化或過於貶低，都會讓我們看不清楚真實的樣貌，慣性的親情連結就會被一直維持著。但是，我們到底為何會需要保有好母親、好父親、好女兒、好兒子，或是相反的負面形象，如壞媽媽、壞爸爸、壞女兒或是壞兒子這些幻想呢？答案很簡單，就是避免自己的內在小孩去觸碰到原生的傷痕。

身而為人，生來就擁有讓自己在身心上趨吉避凶的先天設定。然而，生死離別的苦痛是無法避免的，苦痛本身除了我們所給的定義以外，並不具有生命的意義。苦痛可以帶領我們到尚未探索的內在祕密之地，那個被放逐、受驚的、被拋棄、丟失的內在小孩的住所。和內在小孩重逢，能夠喚醒我們一項可貴的資源，那就是：同情心。

這時，內在的一股衝勁，會促使成人在連結發生時，體驗到一種真切的成熟。

而與父母、子女形象的分離，是成熟極為重要的一部分。所有的人際連結能夠自在，都是因為同情、和善以及同理。同情自己原本所遭受的痛苦，也是讓自己的責任感與自由度提升的方式。

同情、責任與自由

同情，是一種與人類本質親密與深層的互動狀態。若要使自己有所轉變，那麼前親子關係的連結，必須建立在同情這種存在於我也存在於他人的狀態之中。同情，並不是一種特質，而是一種能夠重新人性化生命與人際關係的美德。它能夠重繪父母與子女形象的輪廓，把兩者放在最適當的位置。

人與生俱來就有同情心，但是經過受虐、與外界隔絕，或是被某些職責認定了人設，就會使我們失去這種人性的本能。同情和自我意識、他人意識相連結，深根於一個成熟的個體裡。不過說來也矛盾，成熟的成人既能夠超脫世界，同時又跟世界相連接。

那麼，一個具有同情能力的成人，在人際關係裡應具備哪些關鍵的步驟呢？

1. 會體認到並承認自己內在小孩苦痛的正當性。

2.會對內在小孩所遭受到踰矩、不當或是犯法行為感到憤慨。
3.會照顧自己受傷的內在小孩，並成為他的父母。
4.會將父母去神祕化，讓他們重新得到全面的自由。
5.會以友善的眼光對待自己的前父母，並且尊重他的內在小孩。
6.採用自己前小孩的身分，也將自己的父母當作是前父母。
7.頒布新規則來改善家庭關係。
8.在前親子關係投入心力，同時保有適當的距離。
9.適時地重新調整前親子關係。

同情心並非單純地「苦自我或他人所苦」的能力，而是一種不自滿、能夠顧慮到所有人的根本脆弱性之美德。擁有同情心，其實就是讓每個人此時此地充分擔當起他那份完整的責任感。

許多前親子關係，因為常常輕忽個人的責任感，找藉口、甚至想免除責任而缺少了愛與同情心。因為責任兩字太沉重，它讓人必須獨自面對孤獨，有時也需要承受羞愧、罪惡及無力的感受。不管跟他人有多親密，每個人都得獨自面對存在與死亡的根本議題。儘管如此，因為他人的存在，我們才能培養責任感。

基於下列幾個過程中的要素，我能瞭解並重新承擔自己的個人責任：

- 別人對我言行的觀感；
- 別人因為我的言行而頓悟；
- 別人因為我的言行而有新的啟發；
- 因為我的言行而影響了我對自己的觀感。

在他人的反應中，個體會經歷到他自己是如何被欣賞、喜愛，受到尊重、批評或是使人害怕等等的感受。他也會透過自我評估，鑄造自己的形象。[14]

在親子關係中，責任感的產生通常都是單向的。小孩在認識自己的過程中，會依照父母的標準來評判自己行為的後果。在家庭治療裡，有些父母在聽到子女對於父母的行為表達意見時，感到很驚訝。由此可知，父母似乎經常期望自己的小孩會無條件支持他的行為，任憑他執行父母的職責。不過相對來說，父母並不是很在乎孩子是如何評估自己的言行所帶來的影響。因此，要產生責任感，就不能只是單向的關係。

許多父母也深信，自己若不去用心栽培小孩的責任心，那他也就無法履行親職責任。如此一來，他們常會以自己的觀點來教育小孩要服從，而不是讓子女自由地判斷來找尋認同。尤爾說過：「如果在乎自己的社會心理以及健康狀況，唯有承擔個人責任，才是除了服從以外的唯一選擇。」[15]

再加上，子女其實是需要有父母的陪同才得以保有自己的價值、需求，以及知道自己的極限在哪裡。這種個人責任感給予的是一種選擇自由：要不要接受他人的意見，同不同意這樣的批評，以及依據自己的感受性來找到自己的定位。如此一來，子女就會在考慮他人感受的同時，也能夠在做自己的狀態中成長。尤爾總結道：「只要個人能夠確認自己的整體價值並自我駕馭——即掌舵的可能性，那麼對個人來說，有很大的機會能夠毫無疑問地活出自己。雖然我們過去還沒有準備好迎接這種無拘束的自由，但今天，應期望我們已經為了下一代作了比我們孩提時期更好的準備了。」[16]

總之，在一個家庭裡，同情、責任心、自由皆是因為彈性的家庭規條，誠心的交流以及深層的連結而產生的。

結盟新守則

在前親子關係裡，健全的守則必須要明示、可調整，也要與雙方跟自己舊有的職責有所區隔（父母方或子女方），使雙方都能擁有做自己的機會：自由地表達、對對方的處境感同身受，對於自己的選擇負責並尊重對方的獨特性。某些經常被誤解或忽視的結盟守則，就能因此而在情感連結上更有安全感。這些權利能夠在個體化需求（分化、自主）以及歸屬需求（合作、互賴）中產生平衡。當家庭系統中的成員之間產生了具有建設性、有意義的關係時，這些守則就發揮了功效。

犯錯的權利

為人子女都需要真誠的父母來讓他認清自己的錯誤，並動用他們的資源去改善親情以外的事物。他會強烈希望自己的父母扮演「大人」的角色，也就是說，一個對自己忠誠、負責任的成人，在必要的時候，有能力去評估、改變、決定、提出質疑，因為子女也有犯錯的權利。尤爾強調：「我們沒有責任隨時隨地看管自己的小孩以避免他們犯下任何錯。但我們有責任去允許他們犯錯；因為如果他們不犯錯，就無法學習體會。」[17]這個落在父母身上的責任，並不是要他們去教育小孩，而是去「領導他們如何在現實中生活」[18]。

因此，要成為成人就必須要學習犯錯，因為「身體力行，方能結果」，錯誤乃是人生學習的關鍵要素。關於學習教育的兩種不同的方法，心理學教授卡蘿・杜維克（Carol Dwerk）區分以下兩種不同的心態：一種是**擁有固定心態**的人，會在他們做判斷時保有靜態看法，這些人集中注意力在找尋正確的答案並消除錯誤。[19]因此，當遇到困難時，這些人會放棄得比其他人來得快。他們很難承受批評，覺得自己受他人負面的回饋所威脅。所以，以這種心態被養育長大的父母們，對於犯錯比較無法容忍，而比較傾向去自我辯解或是強迫沉默。相反地，**成長心態**會造成一種更謙虛也更樂觀的狀態發生。擁有成長心態的人，會將錯誤或是困難看作是一次成長轉變的契機。

作家班傑明・鮑伯（Benjamin Barber）說道：「我不以誰強誰弱或誰成功、誰失敗，來劃分這個世界，而是以**有在學習的人與沒在學習的人**來看待人們。」每個人都有犯錯的權利，不必將「一定要修正過去所犯的錯誤」的想法或規則來框住自己。不容許犯錯，只會更加損害親情連結，並讓關係受困在一種「你早就應該」「你應該要」「今天，你本來應該」等一連串毫無意義的句子所構成的爭執中，使我們不能創造新的同盟關係，還必須背負著一定要「修復過往」的要求或期待。另一方面，前小孩的要求也會讓自己必須去面對父母幼稚的那面：「我不允許你批評我」「我已經盡力了」「過去發生的就發生了，再怎麼檢討過去也沒什麼用」等話語。一個無法接受不完美父母的前小孩，難免是因為自己有著一個聲稱自己從不犯錯的前父母。

擁有犯錯的權利，能讓每個人認清自己的極限在哪裡，也會發展心理韌性，促成轉變的意念。這則「允許犯錯」的新守則就是其中一種有效的方法，證明了只要大家一起努力，就能學會如何創造解決方案，並重新建立一段尊重每個人需求的情感連結。允許犯錯，同時也會激發相互認可與感激的心態。

表明自己感受的權利

有時候，講別人的事似乎比講自己的事還簡單。所以要講出自己的內在經驗也需要時間學習。我們過去曾陪伴了許多案例，引導他們說出自己的感受（感覺、情緒、情感）以及基本需求和關係需求。若要改善人際關係，這樣的練習是不可或缺的。

一個真正的交流必須要給予「自我表述」和「被傾聽」的空間。要表明自己的感受，有幾個基本原則必須要先掌握：

• 沒有人能比我更清楚自己感受到了什麼。
• 我需要時間和空間去探索和說出我體認到的事物。
• 我需要在此刻展現自我和被傾聽。

在許多家庭裡，孩子的聲音很少被聽見，有時候即使表達出來的感受也很少被肯定或接受。因此孩子會認為自己沒有權利表述自己的感受，於是就更不敢說出口。成年後，這樣的孩子唯有在別人認同他的感受時，或是受到他人肯定後，才會認同自己的感受。可是這樣的肯定，是來自他人的而不是自發性的，肯定自己也只是在重述他人口中的認同而已。在親子關係裡，對於同一件事情的發生也有認知上的差異，例如：

▼前小孩表明：當你在批評我的另一半的時候，我覺得沒有受到尊重。
前父母確認：我能夠理解你覺得我在講你的另一半時，沒有受到尊重。
▼前父母表明：當你跟我說我應該要做什麼時，我有不受尊重的感受。
前小孩確認：我能夠理解當你覺得我在告訴你什麼應該做時，覺得自己沒有被尊重的感受。

沒有人可以確切知道另一個人在想什麼。肯定的力量會將每個人放在被傾聽和被接納的立場。而肯定，也是要讓對方不感到被批評，並認可他所體認到的事物。因而在一段前親子關係中，肯定的行為就是一種相互認可，表明自己感受的權利。

憤怒的權利

在創建新的前親子同盟關係前，因為暴力問題是家庭系統裡以及人際交流的問題核心，所以更不應該被忽視也不被允許發生。而身在其中的每個成人，都有義務要去對任何形式的暴力表達憤怒。暴力的普遍性即是減弱個人人際關係與社交能力的主要原因。在我們過去的著作裡曾經強調：「憤怒的力量，就是向所有『不尊重我們感性內在』的人事物說不的力量。這並不是要去打擊那些帶給我們內在小孩痛苦的人；否則，我們很容易會執著在我們所接受到的暴力上。這裡更傾向，如何以內在小孩的名義去揭發那些（不管是不是刻意的）讓你痛苦的行徑或話語。表達憤怒，會打通希望以及正確行動的道路。」[20]

每個成人都有責任去譴責在他年幼時所遭受到的暴力行為，否認或合理化的行為對人皆是有害無益的。像是六十歲的納塔莉（Nathalie）向我們透露：

在我所有的人際關係裡，我通常是奉獻最多也是最和善的那個。待人親切對我來說是很自然的事，直到有件讓我很痛苦的事情發生。在一次家庭聚會裡，年邁並癱坐在輪椅裡的父親突然瘋狂爆怒起來。我試著要安撫他，但他卻揍了我一拳，一時之間，所有我爸在我小時候對我的肢體暴力的畫面通通都浮現在腦海裡。我意識到我在任何情境表現的和善態度只是一種假面。我一直都試著告訴我自己，愛比什麼都來得強大，因為我的愛，我可以很強大，無所畏懼。但經過那次之後，我開始憤恨不平，而我也放棄了我好像一直被利用的狀態。我把那個親切女孩的假面拋開了，只想單純做自己。幾個月以後，我回去看我父親。我直挺挺地站在他面前，然後，這是我第一次跟他說出我內在的混亂，都是因為他在我童年時對我暴力相向所引起的。然而他什麼也沒說，而我也不指望他說些什麼。我僅僅是為了我自己和小時候的那個我，以行動向我父親表達不滿。

沒有任何理由可以正當化暴力。這也是始終未將暴力納入人性的一部分最好的證明。表達憤怒，是一種去揭露對自己和對周遭人施以暴力行為的舉動。史蒂芬妮．海瑟（Stéphane Hessel）聲明：「告訴自己『暴力並沒有效』這句話，比知道如何審判那個對我們施暴的人還來得重要。[21]」暴力，是在教養小孩的過程中，最可惡且最不能接受的行為。我們唯有譴責小時候所遭受暴力的無效性，才能成為一個成熟、負責任的成人。消極地接受或者積極地合理化暴力，都會對人性造成很大的損害。

退守的權利

前親子關係並不是一條靜如止水的長河。在想像的新同盟關係之前，成人會面對自己童年的經歷，並將自己內在真實納入人生故事裡。想要整理親子關係的成人，必然會經歷一段釋放自己苦惱的發怒期，為的是避免自己再次臣服於自己前父母的關係裡。而心理治療將給予情緒調節一個空間，與父母暫時地分離，有時候也是治療過程中的必要手段，這是比較健康的情況。費歐莎說明：「如果當事人已經不太清楚哪部分是屬於自己的，哪部分是屬於養育者的，以及／或者情感依賴狀態已經太過強烈時，選擇完全斷絕聯繫一陣子，可能可以為更好的新同盟關係奠定基礎。……寧可暫時割捨，也不要完全撕破臉。[22]」治療過程中，每個人都在面對自己的過往，探訪內心世界裡各個黑暗角落，穿過一陣又一陣的暴風雨，才有機會找到心靈的綠洲。在面對父母的這段旅程中，先退一步，保持距離是非常重要的。

退守其實是一段能夠消化情緒的時間。對父母懷有羞愧、內疚、憤怒、仇恨的情緒都是依附關係有問題的警訊。倘若這些情緒未平息，那麼期望一段新的結盟關係都是徒然。所以退守有時是一個喘息的機會，可以用來停止在親情中不斷上演的同一齣戲碼。退守的權利也給予思考的空間，用來感受哪些是屬於親情連接根本的事物，以及如何構想新關係的基底。你正在找尋或是渴望增加哪些使你和他人產生連結的羈絆嗎？只要不沉默，也不否認它們，大部分的時刻，你都可以找到一個認同與分享的空間。

當個案的生理或心理出現比較嚴重的狀況時，和父母暫時分離是進入治療過程前必要的預備條件。在少數家庭裡，親情關係已經殘破不堪，急著重新和好或結盟都僅是妥協後的結果。例如性侵害或是嚴重的暴力施行所留下不可抹滅的傷痕，在這種嚴重的狀況下，前小孩必然不能和自己的父母見面，因為這是能夠讓他們重修舊好的唯一前提。然而大部分的時候，盡可能不要和所有家庭成員斷絕關係，因為這樣反而更不利於修復關係。和兄弟姐妹、較親的親戚保持親情關係時，能讓自己與家庭根源維持在一種較為正向的連結中。

在個體化過程中，若是能行使退守的權利，那麼跟自己的連結也能夠更加緊密。例如在一個功能正常的家庭裡，隨著每個家庭成員個體化現象逐漸明顯時，那種歸屬與親密的感受自然就會增加。[23]

卸下職責的權利

個體化的過程，無論是對前小孩或前父母都密切相關。一位正在去除認同自己親職的父母，其實也正在渴望著某一天能夠真正卸除父母的角色。

在法國導演柯琳・舒浩（Coline Serreau）所導的《危機》（*La Crise*），描述在一個家庭裡，一位母親（由瑪麗亞・帕科繆〔Maria Pacôme〕飾演）、兩個已成年的小孩伊莎貝爾（Isabelle）和維克多（Victor）（由札布〔Zabou〕與文森・林頓〔Vincent Lindon〕飾演）以及她先生的故事。

母親與兩個小孩開啟了一段對談。

母親：「維克多，停下來，馬上停下來。你給我閉嘴，好好聽我說，知道嗎？聽好了。你工作的問題，跟你老婆的問題，錢的問題，你所有的問題，還有，尤其是我，你媽媽，我才不在乎四十歲什麼的，你給我聽好了。我不在乎，我一點都不在乎！我沒辦法跟你形容我有多不在乎到了極點。我真的跟你的那些問題，完全，完全沒有關係。」

維克多：「該死的，我真不敢相信！我自己的媽媽竟然不管我的死活？」

母親：「我還可以繼續說呢！我不僅僅是根本不想管你的問題，我也根本不在乎你姊姊的問題。我完完全全就是不在乎！喔，對了，還有更好笑的，我才不在乎你爸爸的問題呢。」

維克多：「我在作夢吧，我說，我……我根本在作夢吧！」

母親：「喔，沒有喔，親愛的，你沒在作夢。三十年來，我把你們養大，把屎把尿、哄你們上床、挖你們起床、安慰你們，你們三個；燙你們的襯衫、洗你們的內褲、看你們的功課。朝夕為你們操心，根本就是為你們而活。我聽了你們所有的故事，所有的問題，所有的傷心難過……但，從來都沒有拿我的心事來煩你們。好啊，現在，我從此退休！你，你人生還有一大段時間可以解決你的危機，而我呢，我就只剩那麼一點時間來解決我的。所以，僅此一次，你就幫幫忙，我要優先處理我的事！」

維克多：「你是在毀了這個家嗎？誒，不是，是兩個家，就為了妳跟別人上床那種骯髒事？」

母親：「好啊，如果是你跟別人上床的事，你就說那是愛情……現在是發生在我身上的，你就說是骯髒下流，是嗎？」

伊莎貝爾：「對，很骯髒，很噁心！」

維克多：「不是啊，媽，妳是一時被沖昏頭了吧，他小你整整十歲耶，怎麼可能長久啊！」

母親：「我的小可愛，會繼續走下去就會繼續走下去，我沒差，如果只會維持一小時，要我重選我也一定照樣做……不管怎樣，我從沒聽過時間長短會影響愛情故事美不美麗，真好笑！」

伊莎貝爾：「這根本就不是談戀愛，妳在乎的就是怎麼讓妳自己爽！」

母親：「女兒啊，我當然在乎怎麼讓我過得爽啊，難道妳不在乎嗎？好啦，如果真的只是約炮，我難道沒有權利可以有一段美好的故事嗎？還有……唉唷，他們兩個怎麼那麼不正常啊，到底自己是怎麼來到這個世界上的？難道是我用耳朵把你們生出來的嗎？我當然是用我的下面啊，唉唷我的小可愛啊……想當年我跟你們爸爸也很性福啊！所以，你們到底想怎樣啊，現在我跟你爸根本沒戲唱了呀。好，可能你們聽起來不舒服，但是你們老媽子，也是個有屁股的，而且好得不得了，從沒那麼好過！還有啊，另外一件你們不想聽到的事：我戀愛了。我很開心……就像沉浸在幸福泡泡裡！」

這部小眾邪典電影（Cult片）的場景有許多幽默的地方，生動地描述了一個女人想將她身為母親的角色卸下，而去追求她身為女人的人生。她的兩個孩子完全無法認同這個會讓他們失去母親支援的想法。因此，即便成年後，每個人心中那個需要爸爸、需要媽媽在身邊的永遠順應小孩仍舊難以滿足。

當父母的親職時間持續太久之後，有些父母會感受到自己被掐住，個人的成長正在凋零。在這部電影裡，母親的角色讓我們聯想到，其實每個人都需要解決自己的存在危機，好讓自己擁有完滿人生的感覺。這位母親意識到，唯有停止繼續奉獻、結束自己一直以來的犧牲，人生才可能有意義。將一生奉獻給小孩並不是無條件愛的徵兆，而是一個盲目相信「只要犧牲就會快樂」的迷思。就像榮格強調的，父母未曾活過的人生，對子女的人生也有一定程度的影響。

卸下自己父母或子女親職的權利，並不是一種拋棄的表現，反而比較像是將感情連結釋放。一位成熟、和善的前父母，會希望看到自己的前小孩，當自己不在場的時候也可以很快樂。相反地，成熟、和善的前小孩，看到前父母沒有自己的牽絆可以開心地活出自己，也會倍感欣慰。這樣一來，在親子重逢的時刻，大家都會更輕鬆，也更自在。

自我更新的權利

很多時候，前小孩及前父母只是透過對彼此慣性的形象在瞭解彼此。過時的內在形象會啟動慣性的互動，而導致反覆的舉動一再重演。因此，形象的重構就變得很重要。也就是修改舊有的表徵，將互動交流搬移到此時此刻的真實來說。下列有兩個重新建構的例子可以作為參考：

＊若我的前父母讓我想起自己的某個地方跟他很像（像是價值、品味、意見、興趣、行為等），那是在我幾歲時的自我發展呢？

對自己前父母的形象重構：你要記得，現在感覺到的是我還是小孩或青少年的時候的事了。現在，我已經不是你的小孩／青少年，我現在是你的前小孩了。

＊當我的前小孩讓我想到某個跟他完全不像的地方（像是價值、品味、意見、興趣、行為等），是在指那個時期呢？

對自己前小孩的形象重構：你要記得，你所說的那些讓你聯想到父母的樣子，已經是我在某某時期的事了，現在我已經不是你的父母，我是你的前父母了。

自我更新，是一種將自己變得真實且讓他人觸手可及的狀態。這種更新，讓你有能力除去固有的角色認同，表達出你現在的樣子。這也會讓真實的自我展現得更完整，換句話說，就是脫胎換骨。在一段失能的前親子關係裡，自我更新能力通常較薄弱。許多前小孩若重回原生家庭，馬上會重啟舊有的觀念，並回復過去的慣性行為。所以成年人的自我解放，與自己有沒有能力在整體上進行調整，以及在別人面前表現自己，有著相當密切的關連性。

所有的更新都來自於有意識的起心動念，而這也是一個自我內在澄清的成果。前親子關係之間的衝突，一再地證明前父母與前小孩仍有許多尚未解決的癥結存在。因此，在自我更新的過程中，會不斷地探索內在的心理張力，進而發展新關係的可能性。內疚、害怕失去愛或是害怕失去背叛自己的愛、犧牲……等，都可能會癱瘓那些促使人成為一位成熟成年人的心理力量。

所以，自我更新必須遵照一個重要的原則，那就是：生而為人，從出生到死亡都一直不斷地在成長。每個人都伴隨著自己的優點與缺點，獨自在人生的道路上摸索前行。因此，對於「如何在和他人交往時，同時做自己」這樣的討論，其實並無法一言以蔽之。

家庭結盟的新守則，必定要將親情關係的品質擺第一。在前親子的互動關係裡，尋求和諧以及家庭成員之間的和平相處也成了必要之道。在通往自我的路上，是需要先路過他人的，因此你完全可以在親情互動關係裡，以不妥協、不封閉自己的方式繼續成長。此時只要做到自我接納與接納他人，便為關係的重整開闢了一條康莊大道。

第九章

父母職責尾聲

在不將他人物化的同時，我們也在捍衛自己不成為別人的物件。試著將世界回歸於人，一個依照人的樣子來對待的世界，一個真正我們得以生活的世界，唯一可活的世界。

——費南多・薩巴特（Fernando Savater）

奇蹟解方並不存在

前親子關係的改善，需要按照某些步驟嗎？以「關係重整」（réajustement relationnel）這個用語來看，可能是對的，但事實上並沒有什麼一定要做的步驟。今天，坊間充斥著一種過於簡化的個人、關係以及自我解放的觀點，聲稱若要快樂，就需要去執行某種「行動清單」。而我們認為，每個人只要做好自己的幸福代辦清單就好，因為在複雜的前親子關係的探索過程中，根深蒂固的主觀性時常左右人際關係的發展。因此，沒有什麼理性的祕方，會在你和你的前父母在創建新同盟關係中，突然冒出來解救你。我們所提出的建議也不是什麼修復保證。因為誰也無法創造出一種既沒有限制、也無束縛的理想關係。再怎麼依賴的親密關係，也找不回那些讓你懷念、小時候失去的事物；你妄想著有一天自己的父母可以變成其他人的願望也永遠不會實現。而為人父母的你，妄想打造一個可以承接自己存在價值的渴望，也註定是失敗的。所以，請你好好地接住自己的沮喪與失望，同時也接納你的父母／孩子的。

關於這點，哲學家朱麗亞·德·弗內斯（Julia de Funès）解釋：「自我的力量，比起權力的位置，比較容易在接納的立場出現。」[1] 重整關係並不代表一定要堅持自己的立場。在一段關係裡，若要敞開心胸，擁抱重整關係，接納他者的不同與獨特性是必要的；這是一種需要先取得成熟與肯定的能力，並不是原本就在那裡的。要知道，和自己前父母的關係，永遠不會按照你心中永恆小孩的想望那樣，完全相符，但或許這樣更好。人際關係的改善本來就不能一昧地苛求；這是一種互相認可的修養學。你會不斷地摸索，有時進，有時退，也會在對方身上看到同樣的事情發生，這都是必然的。

因此，關係重整會建立在兩個必要原則上，那就是：公正（公平與正義）以及同等尊嚴（尊重與尊嚴）。這兩個原則，也是所有親密關係的基礎。不過，這些原則在實際應用上，反而會讓雙方的關係產生一點距離，好讓彼此能重新結盟。

親職的尾聲

卡琳娜與媳婦

某天晚上，六十歲的卡琳娜（Karine）開心地邀請三十歲的兒子安東（Antoine）和二十八歲的媳婦蘇宋（Suzon）來家裡吃晚餐。兒子打來跟卡琳娜說會晚點到，她注意到兒子冷淡的聲音。但她也沒問他什麼，只顧著說她等不及要見到他們。在兩個人到達卡琳娜家時，她發現兩個人不怎麼親近，關係很緊繃。為了能夠度過平和的晚餐時間，卡琳娜裝作什麼事都沒發生似的。但安東和蘇宋說他們不餓。這頓晚餐，卡琳娜為了讓他們吃得高興，特地把小盤菜放到大盤裡擺盤。結果聽到他們說不餓，讓她很受傷又失望，還得勉強擠出笑容。她選擇不表現出來，什麼都不說，不惜代價只試圖讓一切不會發生任何差錯。她將所有的事情都弄得好好的，為了圓場，也要求自己表現得很得體。她努力地扮演那個她覺得「好」母親的樣子。菜一上桌，安東和蘇宋就開始激烈大吵。卡琳娜被捲入了這場與她無關的爭執，覺得自己不被尊重，甚至被當成人質。她其實可以對自己說，兒子夫妻間的事情與她無關，然而心中卻仍然感到一股憤怒。她很想大喊：「你們馬上給我停下來。我並不要被你們的事波及，我只是需要跟你們好好地、安靜地吃完這頓飯。」不過，卡琳娜卻感覺自己沒有權力說出自己的感受。結果越想越生氣，她突然爆發，惡狠狠地對媳婦說：「我不准妳在我的地盤這樣跟我兒子說話！我受夠了女人一直虐待男人，一心只想要控制他們。夠了！」結果一連串激烈爭吵就此展開，而蘇宋，感覺好像在面對自己的母親一樣，在離開餐桌前烙下一句：「妳不是我媽。」而安東則對媽媽笑笑地逃走了。留下卡琳娜獨自坐在餐桌旁，身心俱疲。

一星期後，卡琳娜在諮商時將整段事件說了出來。

卡琳娜：「我感到很掙扎。我認為幫我兒子講話是對的，但同時，我對蘇宋所說的那些話，對她也不完全公平。」

心理師：「哪一些呢？」

卡琳娜：「我看到蘇宋太專斷，而我兒子似乎沒什麼分量。他都隨便別人怎麼做，讓我覺得不高興。但我好像會把我跟我母親發生的事投射在我媳婦身上。」

心理師：「確實是這樣，您經常提起您的母親以前非常專斷，在家裡的分量頗大。您也跟我說過您父親通常不干涉，那他會在您母親面前幫您說話嗎？」

卡琳娜：「不會，但他不是沒想過。總之，這我控制不了，我還在生蘇宋的氣。她毀了那天的晚餐聚會。」

心理師：「我瞭解。在一個家庭系統裡，每個人都會照著過去的慣性，來扮演設定好的角色。在這件事上，您覺得您在扮演什麼角色呢？」

卡琳娜：「很明顯，我就是那個安靜、和善，默默接受不舒服的那個我。」

心理師：「為什麼這麼做呢？」

卡琳娜：「當然是為了一切事情都能順利進行。」

心理師：「那一切都順利嗎？」

卡琳娜：「沒，變更糟。」

心理師：「我對於您兒子的態度很好奇……」

卡琳娜：「對啊，那個小可憐。我當時立刻就對我發飆的事向他道歉了。」

心理師：「您不是應該對他生氣嗎？就像蘇宋一樣，畢竟是他讓您捲入他夫妻間的問題的。」

卡琳娜（沉默）：「我那時不是這樣看事情的。總之，我就是沒辦法責備他。」

心理師：「為什麼呢？」

卡琳娜哭著說：「我以前不是個好母親，所以現在我試著彌補我的錯誤。」

心理師：「您試著扮演好媽媽的角色，但其實您是將您自己的父母親投射到兒子和媳婦身上，打從心底企圖彌補您的童年。您小的時候忍受著母親的怒斥，而您父親就眼睜睜地看著您受罵，沒有想要捍衛您。是這樣嗎？」

卡琳娜：「是的。」

心理師：「這樣看起來，我感覺您是在指責您的母親，一面又幫您的父親脫罪，就像您對蘇宋那樣，一面幫自己的兒子說話。所以在您理想的母親角色裡，您扮演著要保護自己的兒子來對抗他的『壞』老婆。您完全將兒子責任排除在外，如同您忘了您父親也是有責任的。」

卡琳娜：「對呀，我兒子就像我爸一樣，無法像個男人該有的樣子。」

心理師：「您把擔起責任的選擇權交還給您兒子以及父親，事實其實是藉著扮演好父母的之名，來行使大權在握的權威之實。」

幾天後，卡琳娜聯絡了兒子，並向他表達了對於自己在夫妻的爭執中被當成人質的不滿。安東也承認自己的反應沒有大人該有的樣子。

卡琳娜所說的事件，清楚地反映出在許多情況下，表面上的似是而非，隱藏了每個人重回父母或小孩的角色時自我催眠的狀態。若想要讓前親子關係正常運作，那麼前小孩不應該將自己的父母或是公、婆／岳父、丈母娘涉入自己的衝突與親密關係中。

卡琳娜認為支持自己的兒子是她的責任，然而，前親子間在互相支持時，互相承擔責任也是必要的。這樣的支持，必須先獲得對方一個明確的請求或同意。支持自己的前小孩並不代表就要永遠順從子女。當一個前父母在面對前子女時，仍保有父母的樣子，就好像是以一個不正當的理由侵佔了一個不屬於他的位置。

在成人之間，上對下的愛與支持其實並不是那麼健康。前父母不必以扮演過去從來不曾有的和藹可親的角色去彌補過往，這樣的彌補既是一種幻象，也是一種虛情假意。尤爾說明：「對大部分的人來說，我們能夠同時是一個很棒的人，也是一個可怕、糟糕的父母，這實在是一種難以接受的事實。」[2]關係重整是提供給每個前父母在失去親職時的一種鼓舞：你的前子女再也不需要和一個父母（職責）有連結，而是跟一個普通人有關係。因此前親子間的愛，很單純地只有分享、喜悅與溫暖的微時片刻。

傳承，是為了勇往直前

隨著前親子關係之間刻意拉開的距離，親職也將告一個段落。在父母職責終了時，傳承的儀式就顯得可貴，前父母會有一種正當的、想要傳承給前子女的需求。不過，「這不只是給給意見、教訓或是下個指令，而是要說明自己的個人經歷，一段使前子女能夠被納入家族先輩的代代經歷。尤其是跟子女講述自己和自己父母的關係時，將自己與子女的關係做個對照，使他們願意將過去與現在的感受通通說出來。」[3]

賈克（Jacques）是一位六十三歲的年輕祖父。他的孫子現在滿一歲了，賈克因為這個孫子的存在，每天都感到世界很美妙，卻同時也替他擔憂，因為自己的兒子還沒做好當爸爸的準備。他認為，兒子太努力工作，對他自己的兒子並沒有該有的態度，也沒有把他照顧得很好。在他太太的建議下，賈克決定進行心理諮商。

賈克：「有我孫子奎格利（Grégory）在，真讓我覺得世界很美好，我對他深深地著迷。我很希望他有一對稱職的父母。」

心理師：「是。但您說的『稱職』是什麼意思呢？您認為您以前為人父時，稱職嗎？」

賈克：「不太算。這就是為什麼我希望我兒子做個好父親。我們關係不錯，所以我可以對他說有什麼不對的地方。」

心理師：「那他一直以來都同意您的說法嗎？」

賈克笑著說：「當然不同意啊！他常讓我明白這樣子是行不通的。他會生氣，對我的建議非常不以為然。這就是為什麼我們還維持著良好的關係，我覺得他的反應沒有不好。」

心理師：「聽您講述這些，我感覺您的兒子如果能夠給您最真實的回饋，對您來說才是最重要的。」

賈克：「是，就是這樣。我呢，我從來沒有這樣回我爸爸。他非常地權威，我也很怕他。」

心理師：「您覺得這是您身為人父最有成就感的事之一，是吧？因為兒子並不怕您。」

賈克：「是呀，我非常引以為傲。」

心理師：「那您是為了什麼事來諮詢呢？」

賈克：「我太太跟我說我太誇張了，說我對兒子的態度很不好，還說我太常介入他的家庭生活裡頭。」

心理師：「您自己有這種感覺嗎？」

賈克：「有一點吧，但這不是我能控制的。」

心理師：「我非常能理解您想要給自己的孫子和兒子最好的那份心意。」

賈克：「謝謝。」

心理師：「不過，您說會害怕您父親，是嗎？」

賈克：「是的。」

心理師：「我猜，即使您成年後還是對他畢恭畢敬、很順從，是嗎？」

賈克：「沒錯。我記得在他去世後，我去喪禮跟他永別。我站在他的遺體旁，感到一陣恐懼。我很怕他會突然復活過來，再責備我一次。聽起來很瘋狂，對吧？」

心理師：「不管怎麼樣，您不是這樣的父親。」

賈克：「不是，我比較是放牛吃草型的，可能是因為我怕我爸那種暴力的一面從我裡面跑出來。現在我才知道，這種恐懼就是讓我無法反對我的小孩們的真正原因。我一直都試著跟他們好好地相處。」

心理師：「您願意聽聽我的假設嗎？」

賈克：「當然可以。」

心理師：「我在想，在某種程度上，您並沒有要求您兒子去實踐您過去失敗的地方……」

賈克：「對，就是這樣。我對於教養問題明白了許多，所以想要傳承給他們。」

心理師：「應該不完全是這樣。我認為您不自覺地在逼您的兒子拒絕您，或是對您生氣，好讓您跟自己的父親有所區別。照這樣看來，似乎意味著您兒子需要跟您切斷關係，才能真正當個爸爸。若您的兒子幫您完成您小時候就嚮往的那種父子關係，對您來說，兒子就實踐了父與子的忠誠契約。那麼這樣斷絕關係，是否真的對雙方有利呢？」

賈克：「當然不利呀。而且，我跟我兒子的關係，跟我和我父親之間一點關係都沒有。我愛我兒子。」

心理師：「您兒子是否知道您兒時與嚴格父親的相處經歷呢？」

賈克：「有時候會呼應到我小時候的狀況，但我從來沒跟他提過這點。」

心理師：「我想提議您來場父子間的見面，跟他談談您跟您父親過去的那段父子關係、他的暴力對您的衝擊，以及這些對您人生的建構造成了什麼影響。」

賈克：「收到。」

尤爾提醒我們：「大部分的人成為父母時，都還不算是真正的大人；而子女會在這過程中大力地幫助我們完成這個過程。不過，我們必須知道如何成為一位好的成人，這樣才能讓子女學習到什麼叫做成為大人。」[4]賈克從未有勇氣在父親面前表現得像個大人，這也讓他無法好好地克盡自己的親職責任。和自己的兒子分享並傾聽兒子的回應時，賈克發現兒子對孫子的關心與關愛從來沒少過，只是他這個祖父完完全全忽略了兒子的這一面。

在之後的一次諮商中，賈克總結道：

在我心裡好像有某個東西改變了，內心竟因此平靜了下來。在提及我跟我父親的故事後，我兒子跟我透露了他許多的擔憂和疑問。我不知道怎麼說，但是我感受到我兒子真的是一個爸爸了，我也知道我的親職責任到此為止了。我現在和他的關係變得更親近、也更公平，我也變得比以前謹慎。從那之後，我只想為了我孫子而當一個真正的祖父，還有愉快地享受這趟新的冒險旅程。

賈克的經歷說明了將自己的親職交接到下一代的一種儀式。當兒子更瞭解自己的人生經歷時，賈克也給了自己一個超越忠誠的可能性，也是重新看待自己親職角色的可能性。對於賈克而言，這樣的傳承，就是從父親過渡到祖父這種新角色的一趟經歷。

責任喪失與失去意義

在變老的過程中，有些前父母也會同時體認到，自己正在失去以前習慣的那個作為父母的角色。無論情願還是不甘願，他們仍會去適應這樣的轉變以及前小孩的抉擇。若他們抵抗，很可能會有損和自己子女們的關係，這也是大多數的人都極力避免的事。他們接受放下自己的責任，若非必要，不再對子女的成人生活有所建議。

成為前父母最大的困難，在於將要卸下一個已經隨著時間習慣成自然的第二天性，以及對父母新角色的認同。因此，不當父母對某些人來說會很困惑，甚至無法接受。因為他們萬萬沒有想到，**為人父母是一種職責**、**一種任務**，**也是一種有期限的工作**，更不會想到自己即將要變成「親職退休人員」。他們緊抓著親職不放的原因，是出於一種對於自身的存在感到空虛的恐懼。對某些人來說，一直扮演著父母的角色，也意味著在人生中除了這個角色以外，無法再找到另一個角色來實踐。

對很多人來說，太過用力的親職認同，反而會造成其他方面明顯的缺失。在這些人的心理層面，會覺得因為沒有實現其他事情而感到痛苦。父母的職責對某些人來說，是真正活出個人與人際關係上的實踐，但這並不是大多數人的情況。有太多的前父母們被困在不自覺的模式當中，無法抓住和前小孩在新的同盟關係中成長的機會。

不過，若親職這件事被當作是一種學習的過程，那麼，前父母就會有一種完成了一個非常有價值且有意義的任務的感受。他會瞭解到，沒有任何子女是可以治癒自己的父母的。父母也會學習到如何重整親子關係，好讓雙方的需求都被尊重。這樣一來，他就能夠繼續在康莊大道上直行，並往下一個冒險挺進。而其中有一種不少人都會經歷到的，便是作為祖父母的冒險人生。

祖父母們的不思議冒險

成為祖父母實為一件幸運的事。不過，如果前父母沒有斷然放棄自己作為父母的職責，當了祖母或祖父後就會覺得自己被困在一種關係窘境裡。當然也有例外，像是祖父母並沒有想要取代親職來教育自己的孫子女，反而是孫子女往往會成為上一代親子關係和諧與否的關鍵。因為前小孩有可能會為自己過往的缺乏，要求前父母來彌補，且開始控制前父母的部分言行。

下列挑選出一些未解決的糾紛給讀者參考：

- **祖父母成了保母**。沒有徵求他們的同意就派任務或指定時間要他們顧小孩。認為這是他們的本分，應該要為能夠照顧孫子、孫女感到高興才對。而這樣的職責就是要去彌補那些過去沒有顧及到自己子女需求的那些時光。
- **祖父母受到監控**。會認為他們對孫子女有害或是有危險性。這樣的監控是源自於年輕時對自己子女曾有過任何暴力形式的一種投射性的譴責（我們這裡講的並非是有害的前父母）。
- **祖父母本就該付出**。前小孩會找許多理由好讓自己的父母來為孫子女付出。這是在暗示祖父母該為那些過往曾經有的過失做出補償（比起物質上的彌補，通常是情感上的付出）。

這些態度，都使孫子女們背負了前父母以及前小孩無力調整親子關係的重擔。

這真是要不得的事，因為祖父母之於家庭的功能是何等重要：

- 他能夠對孫子女產生鼓勵的作用，讓他們體認到自己的進步，也對自己的優點予以肯定。通常祖父母是小孩成長轉變的見證者。
- 他能夠使遇到困難的孫子女安心並分享自己的經驗，重新注入希望與勇氣。
- 他是孫子女的頭號支持者。會陪伴小孩去發覺自己的興趣，有機會的話也會跟他分享。
- 他會傾聽孫子女。專注也很有耐心的傾聽，他會花時間瞭解小孩的疑問，也會對中肯的提問予以肯定。
- 他會說「好」，凡事都答應孫子女。尤爾證實：「我們的大腦會將『好』和『愛』相連結。我們愈愛一個人或是愈對他有興趣，我們就愈會跟他說『好』，這是在所難免的。」[5]祖父母比起父母更有自由的對孫子女說「好」。因為父母有義務要限制與規範孩子，因此祖父母所說的「好」，能夠提供孩子自由與反抗的空間。
- 他是從情感層面來養育孫子女。他貼心的話語、溫柔的舉動、親切的態度，是小孩能夠感受到被愛、被理解的一劑處方籤。

心理治療的過程中，常會遇到父母對自己的前父母成為祖父母後的那種關愛及親切的言行感到驚訝。他們注意到自己的父母竟然可以和自己的小孩擁有一段平穩且豐富的祖孫關係。因為他們自己在童年時並沒有體會過這樣的關愛。他們常常這樣說：「**為人父母或祖父母，根本就不是同一回事。**」雖然感到開心，卻也帶有些許沮喪與無奈。

令人振奮的是，我們發現很多人時常是當祖父母時比當父母還優秀。這是有一定理由的：祖父母並不是一種真正的責任義務。當教育的義務逐漸消失，取而代之的是一種更自然、自在的關係。而比起父母更成熟、更有經驗，也對自身有更多瞭解的祖父母，也會更注重與孫子女關係的好壞。他們也較樂意開放、接受孩子天生的能力。最後，祖父母們的冒險是一種豐富的教材，不僅更注重親情關係的品質，也會在意照顧孫子女的重要。尤其對孩子而言，關係的好壞是很重要的，也是家庭幸福感的最佳指標。

公正原則

共生，親職的泉源[6]

在陪伴幾位人士走出傷痛的過程中，我們發現，內在小孩和永恆小孩的個案數量比例其實不相上下。我們也察覺到，內在小孩認為不公平感受的存在，似乎與順應小孩有共生的關係。這給了我們靈感，寫出了下面的小故事：

從前從前，有一個快樂、非常有活力，也充滿好奇心的小女孩。在她人生高峰的那幾年，滿懷樂觀地看待這世界。直到有一天她在花園裡散步時，在一棵盤根錯節的大樹根中，發現了一個樹洞。樹洞大概有一個小孩那麼大，這巨大的開口吸引了她的目光，隱約在呼喚著她去窺探大地深處的奧祕。勇敢的女孩往洞裡探去，進到了那個像是個大嘴的洞裡。

隧道的石牆又濕又冷，但前方有道亮光彷彿在向女孩招手，要她繼續探索。經過漫長的行走後，她來到了一個像是古老城池的寬敞地牢裡。空間裡傳來低吟的聲音讓她嚇了一跳。在最最陰暗的角落，她注意到一個籠子，裡頭關著一個跟她年紀相仿的小孩。看到這幕，她毫不遲疑地朝那個籠中的小孩跑去，想要拯救她，卻怎麼樣也沒有用。牢籠的門被深鎖。女孩仔細望著小孩，看到的卻是那個跟她同樣年紀的父／母的兒時模樣。女孩保證回來時，會找到鑰匙將他解救出來。正當女孩要回到地面之前，她輕聲地對籠中小孩說：「現在，我知道你的存在了，你已經不是孤單一人了，我會回來幫助你的。」隨後，女孩從盤根錯節的樹根中脫身，下定決心要履行自己的承諾。

這個暗喻正是在探討親職結構裡的共生問題。父母為了鞏固依附關係而提供小孩足夠的照護，會將小孩看成是自己的縮影，或將其視為自己的一部分。共生，不僅更加強也確保了一種足夠堅固的連結存在。然而，這樣的共生卻會導致兩個難題：

1. 父母會幻想他的小孩跟他經歷到一樣的事情。他往往會以自己過往的經驗去詮釋小孩的情緒，像是害怕、難過、生氣、需求，以及渴望。在他的親職責任裡，會讓自己成為參考標準來裁定小孩人生經歷的意義與價值。
2. 因此，父母會將自己尚未解決的過往投射在孩子身上。而小孩，隨著時間和跟父母無數的互動之中，也會接觸到自己父母那些稚氣、不成熟的面向。於是，小孩啟程造訪那些父母曾經受過傷的內心角落，急於埋首相救，就像故事裡的女孩一樣。

亨德里克斯與雷克里．杭特注意到：「共生狀態會吸收掉孩子的本我，也會吸收父母童年受傷時他們的本我。」[7] 當父母無法拋棄、不把小孩當作是獨立個體、唔自構想出小孩的形象時，那麼成年後的親子關係仍會有些疑慮。前父母會自認為最瞭解自己的前子女，且無法充分認知到小孩的特別之處與其獨一無二的面向。

而在前小孩這方面，因為他已經進入到父母的內在小孩被放逐的那部分（如同被關在牢籠裡的小孩），同樣也會感覺到自己對父母有所瞭解；不過這樣的認知，極有可能在父母一方永遠都不會體現出來。這時，前小孩會繼續感到有任務在身，拒絕承認自己前父母的內在小孩，是那個唯一能夠找到鑰匙並解救他們自己的人。因此，對於前小孩來說，要接納自己生存的孤獨感是苦痛的事。因為無論如何，他在生命中都是孤獨的，必須獨自面對責任、抉擇以及後果。

共生狀態雖然對於子女在童年時期的某一段時間是必要的，但若一直持續下去，卻會造成前親子關係的疏離，並將雙方困在令他們都苦不堪言的失衡狀態中。

不公平到公平的過程

不公平的感受是許多家庭關係中感情連結的問題，也是棘手的問題，它常是親子間和手足間會有的共同感受。在家庭裡面，我們可以概述不公平的感受是同時來自被剝削——「我一直在服務他人」和被物化——「我沒有任何價值」（或比其他人還沒有價值）的兩種心態。

至今，感到不公平的感受，來自於一種無法承認孩童和成人在社會上擁有相同重要性的想法。孩童不成熟和依賴人的特性，被放得比他們神奇的人際關係的能力大上許多。例如，假如你現在還是小孩的話，你當然會不喜歡被他人以莫名的優越感來對待你。我們現在對於孩童能夠帶給成人的影響一無所知，或許是因為我們太過於低估孩童，所以他們不被重視。成人與小孩之間，經常被看做是債權人（大人）與債務人（小孩）的關係。這樣不平衡且階級式的觀念，阻礙了把小孩與大人視為有對等權力的思維發展。

成年後，在和他人的關係裡，辨認出不公平的問題，以及從中做出選擇都是非常合理的。「凡是時時刻刻都等待著他人的回應，或選擇將自己抽離，又或者是互相壓榨等行為，皆是在物化他者。」[8] 前子女與前父母若不去重整雙方之間的關係，那麼很有可能會將這種不公平的狀態傳到下一代。這種關係所需要的，以佛教的講法為「中道」，也就是「在真實裡頭的」。當在前親子關係裡將雙方的內在小孩都附予正義，給予該有的尊嚴，那麼這段關係就會變成「中道」。這樣的公平狀態也包含前親子間一段「正確的」距離。

恰當距離

親近並非共生，距離也不是分離。弔詭的是，共生的狀態容易使人分離，而恰當的距離反而會增加情感連結的親近與真實感。這不會是一個靜態的平衡，因為人際關係是一種活躍的動態，一種舞蹈，一個動作，而其中每個環節的重整也是無止盡的。

人際關係的公平實現，是基於每個人都可以被認可為不同與獨特的個體，這種恰當的距離，也能保證在互動中，我們能夠對他人敞開心胸、保有好奇心的可能性。在前親子關係裡，恰當的距離可以打破「家庭成員比誰都瞭解彼此」的普遍迷思。倘若僅因為血緣關係而變得親近，這種共生的身心連結通常充斥著不公平的現象。因此，保持恰當的距離，就像在馴服一個看得到、摸得到也一起經歷過人生那個最熟悉的陌生人。適當的距離，是為了要讓前親子雙方都擁有正面的經歷，倘若我們能夠改善親子關係中下列四個面向，也許就會提升親子關係的健康狀態：

1. **肢體距離**：「我以和自己父母保持健康距離的方式生活著。」若無法達到建立關係界限，可能就會如同伊麗莎白・霍洛維茨（Elisabeth Horowitz）與帕絲卡・雷諾（Pascale Reynaud）形容的一樣，讓自己停留在一種偽裝又不合時宜的亂倫狀態裡：「種種親情裡錯綜複雜的問題，總令我們加倍眷戀。但其實我們早就該察覺到，我們的原生家庭是無法與我們建立真實連結的。假如我們越以為與父母保持良好關係，就是家庭團體聯繫的唯一管道，那麼我們會強迫自己去適應這種關係。不過，這就像是在強迫我們去佔有，甚至是用強硬的態度去佔據先人與長輩的領地一樣：一方面計畫和家人一起，在他們的房子裡渡假的同時，另一方面心裡又想著說不定哪一天能夠買回眼前這棟家產。然而，佔據祖先的領地這種行為，其實是在試探他們的底線……到頭來導致自己不再有力氣去分化自我和家人，甚至仍處於無意義且虛幻的狀態裡，妄想著重新向父母取得對自己的關愛。」9

2. **情緒距離**：「我可以不覺得被父母冒犯，體認到他／她的感受，並區分他們和我自己感受。」

3. **心理距離**：「我所思、我所想、我的需求、慾望都是獨一無二的，我不被父母左右。」

4. **心靈距離**：「我是完全獨自在面對我自己與人生的責任。」

亞隆將「孤獨」當作是一種「自我教養」的責任感：「在人生中，因為需要為自己的人生負責，因此每個人都是孤獨的。責任感意味著要對自己的人生扛起親職；

同時意識到自己乃是自我人生的創造者，必須放棄那種有另一個人會來保護我們、創造我們的念頭。深層的孤獨感，本來就是自我創造行為的一部分，每個人都能意識到宇宙最深層的冷漠。或許動物的本能都有跟隨牧羊人、尋求庇護而生存的意義。
10 而人性呢，卻受到自我意識的詛咒，無法逃離自己被暴露於存在意義的窘境裡。」

然而，和自己前父母或前子女再次結盟，其實能夠改善生命存在的孤獨感這一部分。它會讓我們每個人意識到自己的人生是要和他人共同創造的。只要我們動身進入關係恢復的過程中，那麼重新結盟就可能發生。

恢復過程

我們或許無法以中立公正的態度看待自己，但我們需要公正地對待他人。因為公平公正會促使我們和他人新關係連結的產生，並且將前親子關係帶入二次結盟的狀態。

恢復過程（processus de recouvrance）是促成自己和他人產生新的關係連結，為的是要回應每個人對公平的需求。健康的距離，是為了讓每個人都被看待成一個完整的個體，而非服務他人的物件，因此適當的距離也成了恢復關係的先決條件。

恢復狀態的重點在於由內而外完整鋪蓋，也就是將自己內在小孩的完整性建立起來的過程。這種狀態可以由兩種方式說明：

1. **內在恢復**，也是最根本的。他會找回許多被流放的、被視為不符合社會價值以及無法被接受的自我的碎片，重新安插於個體之中。這種重新融入的行動，會從父母的形象抽離，實踐自我。

2. **外在恢復**，與現今自己與前父母的親子關係是否健康有關。如果遇到過去父母或前父母於現今不當的行為時，內在真實的防禦機制就會表現出來。

關係重整，唯有在放棄那些不利於雙方的事物，以及對相同價值觀認可的基礎下，才可能發生。而恢復狀態是在為重新結盟建立良好健康的基礎。

五十多歲的喬治（Georges）想起了一段和爸爸對話的情境：

他對祖母那種哀怨又挑釁的態度惹毛我了。某天，他異常坦然地跟我說，他小時候因為他媽媽令人焦躁的行為而使他感受到痛苦。他跟我說這件事時，僅僅以自己內在小孩的角度去看待之後，就不再抱怨祖母了。我感覺到他想給我一些提示，讓我真正瞭解他的日子是怎麼過的。他跟我分享完後，我瞬間覺得跟他變得好親近，我那種惱怒的心情也隨之不見了。好像有什麼很對又很真實的東西改變了我們之間的關聯。

追求公平、一種恰當的距離以及恢復狀態，給了前親子間一段真實且真誠的交流契機。這種中庸的關係，能保有每個故事主角的優、缺點、衝勁與限度。但這種前親子狀態也很容易重新退回到老掉牙的衝突戲碼。而這種倒退狀態，唯有在新的關係中尋求同等尊嚴與權力關係時，才能夠克服。

同等尊嚴原則

尊重你自己

一九四八年《世界人權宣言》的第一條明確規定：「人人生而自由，在尊嚴和權利上一律平等。他們賦有理性和良心，並應以兄弟關係的精神相對待。」要實現這一個共同理想，首先要對孩童的本質及其權利有新的認知。

「同等尊嚴」這個詞彙是由家庭治療師尤爾發想，為了呈現親子關係的基本原則所提出的。他說：「對我來說，在任何人際關係中，同等尊嚴意在認可不同年齡的所有個體都有著相同的價值，並且要尊重個人尊嚴以及他人的完整性。」[11] 對尤爾而言，同等尊嚴能夠讓每個人在一生中，從人與人之間的信任與愛之中汲取養分，也是一種人際關係互動的基礎。

於是建立在同等尊嚴基礎之上的親子關係，就是一個人對人，而不是人對物的連結。**孩童不應被當作物件來對待。他的想法、感受、行為、價值、夢想與目標都與成人一般重要**。孩子也需要被傾聽、被重視以及被接納，與成人有同等的價值而受注意與受尊重。不過很少人在童年時期就受到這樣的重視。同等尊嚴可以讓親子間不對稱的關係顯現出來，而不以上對下的態度去看待親子關係。不管是成人或是孩童，每個人都有同樣的內在價值。只不過，父母是引領孩子步伐前進的燈塔。父母的領導能力對小孩而言也是不可或缺的，因為小孩需要感受到自己的父母是一個能夠在面對更弱小的人時，勇敢擔起自己責任的大人。

我們若只扮演父母的角色，儘管再怎麼親切，再怎麼以正面的語氣和孩子說話，仍是不尊重孩子的。親職並不能只為了要「萬無一失」和平衡各種關係而存在。**親職是種領導才能**（leadership），**由父母陪伴自己的子女以有人情味的方式成長，而第一步，就從認識自己的感受開始**。不論孩子在什麼樣的年紀、再多的情緒、衝突以及挫折，父母都會以同理心幫助孩子在還無法獨自領會事物或不知怎麼處理的狀態下，引導至正確的方向。

同等尊嚴的對待，會將尊嚴與個人完整性重新擺到人際連結的中間，對成年後的親子關係影響深遠。然而，很少有前父母會覺得自己沒有尊重前子女；反倒是前父母對於自己不被小孩尊重而感到不滿，覺得自己才是受害者。他們會反駁：「我是你爸／你媽，你就該尊重我！」在前子女與前父母的同等尊嚴狀態下，對於上對下的關係以及父母的職責就能提出質疑。

因此，尊重的產生，是需要透過雙方認可彼此身而為人的尊嚴。同等尊嚴也延伸出一種重新結盟的提案：「親愛的前爸媽／小孩，我感受到在我們之間有某個東西不太對勁。為了讓我可以在我們的關係中感到自在，我有幾個點需要釐清。我期待我們可以一起探索，究竟現在是怎麼一回事。」一旦提議，提出者可能會遇到幾個回應：「禮貌性拒絕，沉默，排斥，不同意或是對方說出苦衷。」

在重新結盟的過程中，同等尊嚴（尊重尊嚴和雙方完整性）會迎來一個更自在也更深層的人情表達。每當我們設想他人要為我們的利益、期望或是慾望服務時，其實我們正在物化他人。因此，關係中的情緒以及情感的本質，會超越那個我們想在對方身上得到，或是我們以為我們可以從對方身上得到的東西。

認同自己

人到底是什麼呢？這種關於存在意義的提問，深植在每個人的心中。而我們前父母的言行並不全然是正確的解答。人際關係，這生命中的核心命題，雖然看似簡單，卻反映出一個現實的意義。一段健康的人際關係，是由一群有人性的人，而不是以物件所交織而成的。

同等尊嚴的原則，即是強調身為有人性的人之個體價值。尤爾提醒道：「在每個家庭中，必定會有個體差異的碰撞。每個人，大人或小孩，都有各自的需求，也都是需要被重視的個體。認知到這件事情對許多父母來說非常地困難，因為在他們所成長的家庭環境中，並沒有學習到怎麼保有自己的完整性。長達好幾個世紀以來，人類一直在忽視孩童、青少年／少女身心的關係界限與需求。他們為了讓自己被愛，不斷地壓抑自己的個體性，順從父母要求。」[12]

許多成人在人際關係的維持上，持續以他人教導他的方式執行，從來沒有意識到自己真正的需求是什麼。因此，他們無法，或是很難做到堅守自己的人際界限這件事。他們誤以為別人的存在，只是在滿足他們自身的需求。為了避免有所挫折、憤怒、難過，自己就會戴上面具，偽裝起來，並試著從他人身上取得東西，有時甚至不惜任何代價，假裝自己已經取得了養分的回應。在這種人際關係的慣性形態裡，每個人都成了他人的物品。

法國非裔作家維洛妮卡．塔奇歐（Véronique Tadjo）分享了〈擁有七副面具男人的故事〉：

從前從前，有一個有著七副不同面具的男人，每天都會換一個面具。每天早上一起床，他就會馬上把其中一個面具戴上。隨後著裝，並出門工作。他過著不讓別人知道自己真面目的生活。

然而，某個夜晚，在他的睡夢裡，一個小偷將他的七副面具通通盜走了。醒來時，當他意識到這場竊盜時，開始瘋狂地大叫：「有竊賊！有竊賊！」，他開始跑遍大街小巷去尋找自己的面具。

街上的人們看到他比手劃腳、威脅、咒罵著所有人：如果沒找到面具，不幸將會降臨到所有人身上。而他花了整整一天在找那個竊賊，卻毫無收穫。

悲傷又絕望的他崩潰了，像個小孩一樣哭了起來。人們怎麼安慰他都沒有用。

一個女人經過他身旁，停下來問他說：

「怎麼了，我的朋友？為何哭得如此傷心？」

他抬起頭，哽咽著說：

「有人偷走了我所有的面具，沒有了面具，我的臉就會露出來，我覺得自己很脆弱。」

「振作點，」她說：「看看我，打從出生以來，我一直都把我真正的臉露出來的。」

他看著她好一會，看到一個非常美麗的女人。女人彎下腰，對著她微笑，擦掉
13 了他的眼淚。這是男人在他的人生中，第一次在他的臉上，感受到一股輕撫的暖意。

在前親子關係中，其實是一種很容易讓雙方戴起面具的關係。僵硬的面具會硬生生地把人分開。不僅有我們自己戴著的面具，也有我們投射到他人身上的面具。在前親子關係中，彼此認可對方，卸下對對方過往面具的想像，不只是意味著：

1. 你需要對方的存在和／或你可以百分之百使對方滿意。
2. 以揭露你自己真面目的方式，建立一種完全真實的關係。

在擁有同等尊嚴的關係中認可自己，就是接受一段平穩、深層又侷限的關係。前親子重新結盟後，能夠打造出一種承認雙方都是不同個體的共同意志。但也不要妄想這樣的關係裡充滿了親切、關愛、團結力或是無條件支持。「對的人」有「對的關係」，這樣的理想狀況是不存在的。我們只需要努力讓自己變得更完整、微調自己的人際關係，就能在關係中經常體會到幸福、歡樂的微小時刻。

人，唯有忠於自己，才會認可自我、承認對方以及受到他人肯定。換句話說，忠實呈現了內心所擁有的東西。如此一來，一個人會是有「原創性」的個體，而非只是個「呆板的副本」。那麼，請將自己從想要成為「他人」的這種想法中解脫吧！

解放自己

從「試圖將自己建築在他人之上，只為他人存在，或是期望他人」的這種想法中解放自己吧！從「試圖冷卻你的熱情、逃避現實、偽裝或是孤立舉動中」自我解脫吧！有太多的成人仍暗中地以永恆小孩的生存策略繼續生活著。

幾年前，迪士尼動畫《冰雪奇緣》裡那首大人小孩都朗朗上口的主題曲〈Let it Go〉（Libérée, délivrée）就如此唱著（以法文版歌詞翻譯）：

冬天在夜裡悄悄來臨
這次輪到冰雪成為女王
遺世獨立的王國
永遠在此，我的歸宿
內心咆哮的風已不再想著明天
它已勢不可擋
我枉然抵抗
藏好妳的力量，不要說出去
小心謹慎，祕密就能延續下去
無喜無悲，無憂無慮
只有澎湃
解脫吧，解脫吧
我不用再隱瞞
釋放吧，解脫吧
決定了，就此離開
將童年拋在夏天

遊蕩在冬天
寒冰即是為我，自由的代價
身在高處
一切顯得渺小
困擾我的悲傷、焦慮恐懼早已離我遠去
我想證明我能做的
從這般神祕的魔力
善與惡，我都不在意
不在意
釋放吧，解脫吧
繁星在向我張開雙臂
釋放吧，解脫吧
不，我從此不哭泣
我在此
是的，我在這
迷失在寒冬中

我的魔力來自上天，衝破星際
我的靈魂，在冰上刻畫奔放
而我所思，是雪花的結晶
我不會回頭
過去的早已過去
釋放吧，解脫吧
從今以後沒有什麼能夠阻擋我
釋放吧，解脫吧
不再是完美的公主
我就站在此地，如我所夢
遊蕩在寒冬裡
寒冰即是為我，自由的代價[14]

這首歌讓我們聯想到那顆內在小孩被冰凍封存已久的靈魂，那顆出走的心，深信著自己的一切奧祕不屬於這世界。如法蘭西學院作家程抱一闡述：「靈魂，是每個人獨特與不可抹滅的印記……在這麼說的同時，我想再補充：靈魂，並不只是個人獨特性的印記，而是提供了一種存在的尊嚴與價值，一種身心的統一性。」[15]

同等尊嚴會促使關係重新進行調整，這意味著，大膽地將內在小孩從冰宮中解放出來。雖然有可能失去關係，特別是跟自己前父母的親情關係。然而，為了讓自己不再退守，進而無從分享自己生命真實靈魂的真面目，還是放手一搏吧！

重整關係若是為了和他者重新結盟的可能性而努力，那就豁然地榮耀自己吧！人之所以為人，就是因為能夠像孩子般脆弱的伸出手，擁抱。每個人都得面對自己的責任，為自己的獨特人生承擔，也對所有的人際關係負責。因此，誠如馬丁·布伯（Martin Buber）所言：「生活，乃是相遇。」[16]

結語

如今，許多人仍堅持著過時的信仰，這種趨勢不僅削弱了每個孩童，也損害著我們現今許許多多社會的人文結構。

——雅斯培．尤爾

你的父母不再是你的父母。這句箴言[1]開闢了一條通往展現新生命的道路。人類，一部分的大腦被設計成要回復熟悉的信念與行為。因此，符合前人、祖先那種否定小孩本質與基本需求的人際關係模式至今依然存在。如今，該是改造人類社會的連結與關係網絡的時候了。

在此我們的旅程即將告一段落。希望我們所寫的內容，對你在每個人生必然碰到的前親子關係上有所啟發。我們也希望在此重溫一些本書的精華。

成人的父母並不存在。單憑血緣關係是無法意識到成年人面對小孩／父母的複雜度。成年人的父母的關係角色會把前任小孩維持在（困在）一種有階級意識且不對等的既有秩序裡。所有的成年人都曾是別人的小孩。

對「家庭如泉源或資源」虛構的想像，不僅會使所有家庭成員過度理想化，進而否認家庭的現實狀況。這樣的想像會帶來幻想破滅及痛苦的親情關係經驗。

父母親的職責是有期限的。父母的任務會加速父母與孩子關係的弱化。每個父母也不免會往「前父母」的角色關係演進。

有些人難免在人生中成了過往的獄中囚。這些人會在父母眼中維持永遠是孩子的角色。他們會在面對自己父母的時候，延續他們的生存策略以及自我保護的機制，並且持續沿用到當自己為人父母時，因而妨礙了他們自己的人生。幼童化，將很難達到自己心中渴望的那種自力更生的階段。另外，也有些人，在自己成為父母時，眼睜睜地看著自己的精力和活力，在不可能的任務中消耗殆盡。

在成長的過程中，每個成人都有責任把自己最脆弱敏感的那部分重新納入自我個體，也就是將心中那個內在小孩化作自己的盟友。將父母稱為「前父母」，意在「不再和自己的父母維持親職關係」、跳脫慣性身分，就能帶來身分關係之外更合宜的調整。在探索親情連結多個面向的同時，一條通往自己和他人的道路會就此敞開，構建出和親人的新同盟關係的可行性自然也變高了。

持續保持「前親子關係」意識，可以引發關係中的調整，使得公平、完整性及尊重彼此的尊嚴這幾個面向得以自由發展。

神學博士安瑟姆．葛倫（Anselm Grün）確信：「在一段關係中，為了使我保持好奇心去更加了解他人，將我自己暴露在他人面前，放下既有的印象會是先決條件。」[2] 所有的成人，在找尋自由及責任中會逐漸地脫離自己父母的形象。他會為親子關係的中庸之道把關，而後接受，為了使社會再生發展盡自己一份心力。

在親情關係中，沒有任何人必須成為前一個世代的囚徒。在個體化的過程，每個人都可以選擇接受或是拒絕長輩、家長傳承的那部分，也能夠清楚地意識到這樣的傳承只是他組成的一部分。對長輩忠誠這樣的觀念，在人類社會中已經根深柢固，以致於對「不同」敞開胸懷是人性裡的一大挑戰。這樣的挑戰，始於當苦痛在每個家庭爆發的那一刻。這樣的警訊，也代表了某些家庭成員再也無法忍受家庭對他的約束與控制。

一段前親子關係，如同是為自己已經有的或不曾有的親子身分所譜的哀悼長調。這樣的關係，將給予關係發展中所出現的痛苦、戀舊與障礙一個能正當表達的空隙，也給了探索人類靈魂盡頭的冒險機會。不管你兒時的苦痛、不堪的源頭再怎麼強烈，這些執著並沒有必要。在你心中的小孩是渴望安慰及心靈平靜的，同時也寄望在關係中有新的可能性發生，並想像著能夠在關係裡自由自在地做自己。

作為大人，每個人都需要解決自己存在的危機，而和自己的前父母／子女重整關係與重新結盟，正是解決危機的關鍵。最後，借用波蘭詩人切斯拉夫．米華殊（Czelaw Milosz）的話，「每個存在的生命裡，都有一道名為苦痛的界限，而在那之後，會是一抹油然而生的微笑。」[3]

致謝

首先，要為我們優秀的團隊 Corinne Cygler, Régina Caïazzo, Isabelle Tourlet et Hayate Allache 獻上最大的敬意；他們對我們的手稿知性、細心、發人深省的校閱，感激不盡。在此深深感謝 Corine 的熱情交流。熱情感謝 Régina 的鼓舞。也非常謝謝 Isabelle 有力的發言。在此也特別感謝 Hayate 的參考書目與研究。

我們也要感謝我們的編輯 Joanne Mirailles, Rachel Crabeil 和整個 Eyrolles 團隊，感謝他們的信心、正能量、創造力和非常偉大的專業精神。

我們對透過分享他們的生命歷程，為本書有極大貢獻的人，滿懷感恩。為了保護當事人的隱私，所有能被辨認出的部分都已修改過了。

我們把這本書獻給所有昨天、今天、明天的前父母，讓他們不再遺忘自己孩童般的生命存在。

參考文獻

好評推薦

1. 波蘭作曲家葛瑞茲基（一九三三年～二〇一〇年）的《第三號交響曲》Op.36 又名〈悲愁之歌〉，是一九七六年為女高音以及交響樂團所作一首作品。在書寫本書的過程中，我們受到保加利亞指揮（Yordan Kamdzhalov）、麗莎˙傑拉德（Lisa Gerrard）以及 Genesis 交響樂團演奏的版本深深撫慰。（Besant Hall Records, 2020 年發行）

序言

1.「前父母」和「前小孩」兩個用詞會在本書中一一闡明。
2. 出埃及記第 20,12 聖經普世的譯本。
3. 以弗所書，第六 1-3。

第一章

1.Galland S., *La Relation entre les adultes et leurs parents. Faire évoluer le lien tout au long de sa vie*, Les Éditions de l'Homme, 2019, p. 18.
2.Lassus P., *La Violence en héritage,* op. cit., p. 52.
3.Galland S., *La Relation entre les adultes et leurs parents,* op. cit., p. 23.
4. 這是種內在轉變的自然過程，多多少少是在有意識下經歷體會得到，意在使個體不斷地在尋求滿足個人和人際關係中，自我的狀態（不被切割、劃分）更完整，也更繁複（非二元的）。榮格所闡述的此觀念，強調將人性和生命經歷中固有的侷限與矛盾整合，是一種成為更好的自我生命原動力。

5.Miller M., Le Vrai « *Drame de l'enfant doué ». La tragédie d'Alice Miller,* Presses universitaires de France, 2014, p. 162.

6.Miller A., *C'est pour ton bien. Racines de la violence dans l'éducation de l'enfant,* Aubier, 1984, p. 307.

7.Fleury C., « Qu'est-ce que faire famille ? », dans Coum D. (dir.), Avons-nous besoin de père et de mère ?, Érès, 2016, p. 19.

8.Lassus P., *Maltraitances. Enfants en souffrance*, Stock, 2001, p. 79.

9.Van der Kolk B., *Le corps n'oublie rien. Le cerveau, l'esprit et le corps dans la guérison du traumatisme*, Albin Michel, 2018, p. 164.

10.Fleury C., « Qu'est-ce que faire famille ? », art. cit., p. 24.

第二章

1.Crépin C., « La famille idéale », *Recherches et prévisions*, n° 64, 2001, p. 103.

2.Ibid., p. 106.

3. 貶低家庭形象只存在於極少數的案例中。把自己的父母看成是「怪獸」，他們會以自己的童年經歷來自我保護，並和父母做良性的抗衡。

4.Miller A., *C'est pour ton bien*, op. cit., p. 78.

5.Fleury C., « Qu'est-ce que faire famille ? », art. cit., p. 13.

6.Juul J., *Cinq Piliers pour une vie de famille épanouie*, Marabout, 2019, p. 29 et 30.

7. 薩提爾的評論是由布雷蕭在他的著作《家庭會傷人：自我重生的新契機》（中文版鄭玉英、趙家玉合譯，張老師文化，二〇〇六）中提及。*La Famille. Une nouvelle façon de créer une solide estime de soi*, Éditions Sciences et Culture, 2004, p. 19.

8.Filliozat I., *Je t'en veux, je t'aime. Ou comment réparer la relation à ses parents*, Marabout, 2004, p. 33.

9.Andolfi M., « Le couple : évolution et crise dans une perspective trigénérationnelle. À la recherche des fondamentaux », *Thérapie familiale*, vol. 32 (1), 2011, p. 10.

10.Winter J. E., « Le modèle évolutif de Virginia Satir », dans Elkaïm Mony (dir.), *Pano- rama des thérapies familiales*, Seuil, 1995, p. 423.

11.Ibid., p. 439.

12.Winter J. E., « Le modèle évolutif de Virginia Satir », art. cit., p. 429.

13.Satir V., *Thérapie du couple et de la famille*, Desclée de Brouwer, 1995, p. 10.

14. 引用來自 Olivia Hagimont 著作中 Christophe André 所寫的序言。*Le Dîner de famille. Ou comment survivre dans une famille aimante et névrosée*, Odile Jacob, 2016, p. 7.

15.Bradshaw J., *La Famille*, op. cit., p. 37.

第三章

1. 標題來自魁北克諺語：「父母送給孩子的兩樣東西：根源與羽翼」。

2. 此句借用作家 Jean-Jacques Crèvecœur 的詞彙。

3.Abignente G., Les Racines et les Ailes. Ressources, tâches et embûches de la famille, De Boeck, 2004, p. 234.

4.Ducommun-Nagy C., « La thérapie contextuelle », dans Elkaïm M. (dir.), *Panorama des thérapies familiales*, op cit., p. 104.

5.Michard P., *La Thérapie contextuelle de Boszormenyi-Nagy. Une nouvelle figure de l'en- fant dans le champ de la thérapie familiale*, De Boeck Supérieur, 2015, p. 199.

6. 廣告影片原標題為：*My dad's story dream for my child*（大都會人壽保險〔Metlife〕），由 Thanonchai Sornsriwichai 拍攝，Phenomena 出品。

7.Juul J., *Cinq Piliers pour une vie de famille épanouie*, op. cit., p. 28. 2.

8.Ibid., p. 16.

9. 這門學科意在研究某些歷史事件的起因，試圖理解過去與現在多數社會、政治的群體言行之情感起源。

10.deMause L., *Les Fondations de la psychohistoire*, Presses universitaires de France, 1986

11. 借用 Marie Andersen 的術語．見 Andersen M., *L'Emprise familiale. Comment s'affranchir de son enfance, Marabout*, 2015, p. 78.
12. Abignente G., *Les Racines et les Ailes*, op. cit., p. 66.
13. Ballet de Coquereaumont M.-F. et E., *J'arrête d'être mal dans mon couple. 21 jours pour sauver l'amour*, Eyrolles, 2016, p. 8.
14. Fredrickson B., *Ces micromoments d'amour qui vont transformer votre vie. Love 2.0. : une approche révolutionnaire de l'émotion suprême*, Marabout, 2014, p. 30
15. Ibid., op. cit., p. 36.
16. 兒科醫師Catherine Gueguen之研究報告。見 Voir Guegen C., *Pour une enfance heureuse. Repenser l'éducation à la lumière des dernières découvertes sur le cerveau*, Éditions Robert Laffont, 2014, p. 30.
17. Juul J., *Cinq Piliers pour une vie de famille épanouie*, op. cit., p. 203-204
18. Juul J., *À qui appartiennent les enfants ? Réflexions sur la petite enfance*, Fabert, 2016, p. 38
19. Kohn A., *Le Mythe de l'enfant gâté. Parent hélicoptère, enfant surprotégé : des croyances révélatrices de notre société*, L'Instant Présent, 2017, p. 83.
20. Mello A. de, *Quand la conscience s'*éveille, Albin Michel, coll. « Espaces libres », 2002, p. 119.
21. Kohn A., *Le Mythe de l'enfant gâté*, op. cit., p.228.
22. Winter J. E., « Le modèle évolutif de Virginia Satir », art. cit., p. 427
23. Elkaïm M., *Comment survivre à sa propre famille*, Seuil, 2006, p. 34
24. 參考的研究認為，約有百分之四十五的人口有焦慮和缺乏安全感的依附關係。而在我們以內在小孩療法實施下，這個數字對我們來說似乎低估了現實狀況。
25. Pierrehumbert B., *Le Premier Lien. Théorie de l'attachement*, Odile Jacob, 2003, p. 372
26. 此測驗曾在我們前一著作中發表過：*J'arrête d'avoir peur !* (Eyrolles, 2014), p. 182-183.
27. Van der Kolk B., *Le corps n'oublie rien*, op. cit., p. 187-188.
28. 這是精神病學家范德寇用來稱呼童年創傷的詞彙。

29. 本測驗以美國一九九八年由 Vincent Felitti 研究「童年不良經歷」（Adverse Childhood Experiences）為基礎，並稍做了修改，我們加了第十一個問題。

30. 這項以美國人口為基礎的研究顯示，童年時期遭受虐待、家庭功能失衡這兩個因素與成人死亡多項風險因素、死亡原因有很密切的相關性。關於這個議題，請參見：https://www.ifemdr.fr/etude-de-felitti-sur-les-experiences-negatives-de-lenfance.

31.Elkaïm M., *Comment survivre à sa propre famille*, op. cit., p. 148.

32.Winter J. E., « Le modèle évolutif de Virginia Satir », art. cit., p. 442

33.Hillman J., *Le Code caché de votre destin. Prendre en main son existence*, J'ai Lu, 1999, p. 79-80

34.Gibran K., *Le Prophète*, éditions Mille et une nuits, 1994, p. 17

35.Hillman J., *Le Code caché de votre destin*, op. cit., p. 79.

36.Ibid., p. 91.

37.Hillman J., *Le Code caché de votre destin*, op. cit., p. 105.

第四章

1.Van der Kolk B., *Le corps n'oublie rien*, op. cit., p. 409.

2.Ballet de Coquereaumont M.-F. et E., *J'arrête d'avoir peur ! 21 jours pour changer*, Eyrolles, 2014, p. 168.

3.Ballet de Coquereaumont M.-F. et E., *L'Oracle de l'enfant intérieur. Se reconnecter et prendre soin de son enfant intérieur*, Le Courrier du Livre, 2017, p.170.

4. 將自己心理世界（內心景象）投射在立體空間，可以讓我們用一種更清晰的眼光來衡量與詮釋往事。例如，某一個案選擇以團體治療中其他成員來扮演不同面向的自己，即能（在遊戲互動裡和治療時空）重整自己的過往歷史。Ballet de Coquereaumont M.-F. et E., *Rituels de l'enfant intérieur*, op. cit., p. 185.

5.Prieur N., *Nous nous sommes tant trahis*. Amour, famille et trahison, Denoël, 2004, p.. 24.

6.Ibid.

7.Stone H. et S., Vivre en couple. *Rester amants, devenirs partenaires*, Warina Éditions, 2008, p. 152.

8. 哥林多前書 第十三章，十一。

9. 馬太福音，第十八章，三。

10. Salomé J., *Je viens de toutes mes enfances*, Albin Michel, 2009, p. 272.

11. Ballet de Coquereaumont M.-F. et E., *Libérez votre enfant intérieur. Pour réenchanter votre vie*, Albin Michel, 2015, p. 133-134.

12. Wolinsky S., *Ni ange ni démon*, op. cit., p. 32.

13. Wolinsky S., *Ni ange ni démon*, op. cit., p. 56.

14. Tomasella S., *Renaître après un traumatisme. La traversée des tempêtes*, Eyrolles, 2011, p. 44.

15. Wolinsky S., *Ni ange ni démon*, op. cit., p. 147.

16. Ballet de Coquereaumont M.-F. et E., *L'Oracle de l'enfant intérieur*, op. cit., p. 196.

17. Tomasella S., *Renaître après un traumatisme*, op. cit., p. 42.

18. Ballet de Coquereaumont M.-F. et E., *Rituels de l'enfant intérieur*, op. cit., p. 162.

19. 我們使用的是心理社會學家 Jacques Salomém 之術語。我們在《*L'Oracle de l'enfant intérieur*》一書中深入探討了這些關係需求，op. cit., 頁 163 至頁 183。

20. Elkaïm M. et Cyrunik B. (sous la direction de Michel Maistre), *Entre résilience et résonance. À l'écoute des émotions*, Fabert, coll. « Psychothérapies créatives », 2010, p. 28.

21. Ballet de Coquereaumont M.-F. et E., *L'Oracle de l'enfant intérieur*, op. cit., p. 52, 64, 76, 88 et 101.

第五章

1. Elkaïm M., *Comment survivre à sa propre famille,* op. cit., p. 22.

2. Bradshaw J., *Découvrir ses vraies valeurs et cheminer vers l'intégrité*, Les Éditions de l'Homme, 2010, p. 73.

3. Camus A., *Essais*, Gallimard, coll. « La Pléiade », 1967, p. 196.

4. Elkaïm M., *Comment survivre à sa propre famille*, op. cit., p. 42.

5.Elkaïm M. (dir.), *Panorama des thérapies familiales*, op. cit., p. 111-112.

6.Dolto F., *La Cause des enfants*, Pocket, 2007.

7.Elkaïm M., *Comment survivre à sa propre famille*, op. cit., p. 71.

8.Peck S., *Le Chemin le moins fréquenté*, Robert Laffont, 1987, p. 13.

9. 我們採納了 Gary Chapman et Ross Campbell 的建議。見 Chapman G. et Campbell R., *Parent d'enfants adultes. Quel rôle jouer après leur majorité ?*, Farel, 2001, p. 76.

10.Dupont S., « Les jeunes adultes et leurs parents face à l'entrée dans la vie : une nouvelle étape du cycle de vie familiale ? », art. cit., p. 413.

第六章

1. 我們選擇了「親職化」這個通用的術語來定義在幼孩發展的過程中，只允許幼孩發展某些面向來彌補父母責任功能不足的狀況；回應父母的期待而沒有顧慮到兒童完整性的重要性。有些心理治療方面的作者將「親職化」（parentification）（父母要求子女對自己好，照顧自己的需求）和「功能養育化」（parentalisation）（父母要求子女提供協助，成為養育助手）以及「成人化」（adultisation）（父母要求子女快速成長為自主的成人）混為一談，見 Haxhe S., *L'Enfant parentifié et sa famille*, Érès, 2013, p. 164. 此章節討論這些現象在子女成年後的後果。

2.Clavier B., *Ces enfants qui veulent guérir leurs parents*, Payot, 2019, p. 8 et 9.

3.Ibid.

4.Ducommun-Nagy C., *Ces loyautés qui nous libèrent*, JC Lattès, 2006, p. 50

5.Zimmermann Kehlstadt L., « Des adultes encore parentifiés. La parentification, un concept clé en psychothérapies d'adultes », *Thérapie familiale, Médecine et Hygiène*, p. 127 à 147, vol. 39, 2018, p. 129-130.

6.Ibid., p. 128.

7.Ibid., p. 143.

8.Ibid., p. 134.

9.Forward S., *Parents toxiques*, Stock, 2000, p. 87.

10. 眼動減敏與歷程更新療法 (Eye Movement Desensitization and Reprocessing) 是由美國心理學家於一九八七年創造的療法。

11 我們於一九九〇年創造了內在小孩心法（Cœur d'enfant）詳情請參閱我們的網站：www.coeurdenfant.fr.

12. 家庭照顧者指的是以非專業身分，定期、經常性地代理親屬進行日常行為與活動照護。

13. 關於此問題，見調查報告 « Les chiffres-clés sur les aidants en France », Baromètre BVA, avril 2017, 可在下列網址查閱：https://www.ocirp.fr/actualites/les-chiffres-cles-sur-les-aidants-en-france.

14.Ibid.

15.「亂倫」之詞是指對個人在對親人有性慾方面的感受時，在個人界限與採取行動之間會有種很強烈的困惑感。個體會「陷入至一種流沙般的困境，在一種找不著的身分當中，體驗到自我的人格解體、無組織化的過程，是一種道德上的亂倫」。(Racamier P.-C., *L'Inceste et l'Incestuel*, Dunod, 2010).

16.Haxhe S., *L'Enfant parentifié et sa famille*, op. cit., p. 192-193. 2.

17.Ibid.

18.Ibid.

19.Ibid. p, 139.

20.Miller A., *Le Drame de l'enfant doué*, Presses universitaires de France, 2008, p. 23.

21.Zimmermann Kehlstadt L., « Des adultes encore parentifiés. La parentification, un concept clé en psychothérapies d'adultes », art. cit., p. 135.

22.Jung C. G., *Synchronicité et Paraselsica*, Albin Michel, 1988, p. 231.

23.Miller A., *Le Drame de l'enfant doué*, op. cit., p. 32-33.

24.Hendrix H. et Lakelly Hunt H., *Le Guide des parents. Tu es toi, tu n'es pas moi !*, Imago, 2017, p. 60.

25.Ibid., p.63.

26.Ballet de Coquereaumont M.-F. et E., *L'Oracle de l'enfant intérieur*, op. cit., p. 72

27.Ducommun-Nagy C., *Ces loyautés qui nous libèrent*, op. cit., p. 88. 2. Ibid., p. 90.

28.Ibid., p. 90.

29.Binet É., *Le Présent au secours du passé. L'intégration du cycle de vie*, Satas, 2017, p. 50.

30.Campbell J., *Puissance du mythe*, Oxus, 2009, p. 63.

31.Ibid., p. 188.

第七章

1. 這裡我們引用加拿大牧師、心理治療師 Jean Monbourquette 的一篇著名文章為標題。

2.Ballet de Coquereaumont M.-F. et E., *J'arrête d'être mal dans mon couple*, op. cit., p. 8.

3. 亨德里克斯和杭特，*Le Guide des parents*, op. cit., p. 106.

4.Yalom I., 《存在心靈治療》（Existential Psychotherapy），*Thérapie existentielle*, Éditions Galaade, 2008, p. 220.

5. 文章由 Monbourquette 於二〇一六年九月三日發表於 *Maison Monbourquette*—對遺屬的支持： https://www.maisonmonbourquette.com/ single-post/2016/09/12/LATTACHEMENT-ET-LE-DEUIL.

6.Aspremont Lynden I. d', *Médecin de l'âme. Jean Monbourquette*, Novalis, 2008, p. 15-16.

7.Elkaïm M., *Comment survivre à sa propre famille*, op. cit., p. 93.

8.Monbourquette J., *Apprivoiser son ombre*, Bayard, 2010, p. 18.

9. 我們採用由 Sylvie Galland 所提出的年齡組別。見 Galland S., *La Relation entre les adultes et leurs parents*, op. cit., p. 194-198.

10.Yalom I., *Thérapie existentielle*, op. cit. , p. 648.

11. 引自魁北克婦女健康行動聯盟的小冊子。（RQASF，Marcotte et Ouimet, 2001）.

12.Boutinet J.-P., *Psychologie de la vie adulte*, Presses universitaires de France, coll. « Que sais-je ? », 2013, p. 67.

13.Chopra D. et Tanzi R. E., *Le Fabuleux Pouvoir de votre cerveau*, Guy Trédaniel Éditeur, 2013, p. 279-280.

14. 摘自一位二十一歲年輕女性所寫的一首詩。她生長於一個酗酒家庭。見 Whitfiled Charles L., L'Enfant en soi. Découvrir et rétablir notre enfant intérieur, Éditions Science et Culture, 2002, p. 105.

15. 在心理學領域當中，「寬恕」這個詞是非常有爭議的概念。其益處時常被提倡者高估，把寬恕的內在穩定效應和精神上的治癒混為一談。也許寬恕能帶來短暫的重新平衡，卻無法解決長期內心緊繃狀態。甚至有些研究清楚地顯示了寬恕所造成的有害性。見心理治療師 Sylvie Tennenbaum 之著作，針對這個問題提供寶貴的說明（*Pardonner. Tyrannie ou libération ?* (Inter- Éditions et Dunod, 2008)。

16.Van der Kolk B., *Le corps n'oublie rien*, op. cit., p. 281.

17.Pace P., *Pratiquer l'ICV. L'intégration du Cycle de la Vie*, Dunod, 2014, p. 47.

18.Ballet de Coquereaumont M.-F. et E., *J'arrête d'avoir peur !*, op. cit., p. 92.

19.Guegen C., *Pour une enfance heureuse*, op. cit., p. 218.

20.Ibid.

21.Miller A., *C'est pour ton bien*, op. cit., p. 15-16.

22.Ballet de Coquereaumont M.-F. et E., *L'Oracle de l'enfant intérieur*, op. cit.

23.Ballet de Coquereaumont M.-F. et E., *J'arrête d'avoir peur !*, op. cit., p. 100-105.

24.Ballet de Coquereaumont M.-F. et E., *Rituels de l'enfant intérieur*, op. cit., p. 20.

25.Ibid., p. 213-214.

26.Proulx C., *S'affranchir,* Fides, 2019, p. 11.

27.Ballet de Coquereaumont M.-F. et E., *Rituels de l'enfant intérieur*, op. cit., p. 63.

28.Erikson E., *Adolescence et crise. La quête de l'identité, Flammarion*, coll. « Champs », 1972, p. 145.

29.Ballet de Coquereaumont M.-F. et E., *Rituels de l'enfant intérieur*, op. cit., p. 186.

30.Ibid., p.176.

第八章

1.Erikson E., *Adolescence et crise*, op. cit., p. 140.

2.Hillman J., *Le Code caché de votre destin*, op. cit., p. 105.

3. 布雷蕭在他著作中引用 Slavin 和 Kriegman 的評論。見 *Découvrir ses vraies valeurs et cheminer vers l'intégrité*, op. cit., p. 90-93.

4.Ibid.

5.Ballet de Coquereaumont M.-F. et E., *J'arrête d'avoir peur !*, op. cit., p. 98.

6.Ibid., p.185.

7. 我們參考了 Hélène Fresnel 於二〇一七年十二月出版的《心理學雜誌》（*Psychologie Magazine*）第 84-85 頁所選集妮可·皮爾的名言。

8.Prieur N., *Nous nous sommes tant trahis*, op. cit., p. 65.

9.Proulx C,. *S'affranchir*, op. cit., p. 245.

10.Ripoll H., *Enquête sur le secret des créateurs. Comment Bilal, Guédiguian, Buren, Ricciotti et tant d'autres sont devenus ce qu'ils sont*, Payot, 2015, p. 187.

11.Proulx C,. *S'affranchir*, op. cit., p. 124.

12. 我們在此參考了布雷蕭基於 Otto Rank 和 Edith Sullwold 之研究所寫的一篇綜合性文章，見 Bradshaw J., *Retrouver l'enfant en soi*, Les Éditions de l'Homme, 2004, p. 390.

13.Jung C. G., *Mysterium conjunctionis*, vol. 2, Albin Michel, 1989, p. 351.

14. 我們受到歐文．亞隆在《存在心靈治療》裡有關於「責任承擔的過程」詳細闡述之啟發。見 *Thérapie existentielle*, op. cit., p. 329.

15.Juul J., *Cinq Piliers pour une vie de famille épanouie*, op. cit., p. 117.

16.Ibid., p. 116.

17.Ibid., p. 120.

18. 心理學家 Didier Pleux 在其著作中所做的表述。見*Manuel d'éducation à l'usage des parents d'aujourd'hui*, Odile Jacob, 2004.

19. 見*Le Cerveau des enfants. Un potentiel infini*, film de Stéphanie Brillant, Jupiter Films, 2018.

20.Ballet de Coquereaumont M.-F. et E., *L'Oracle de l'enfant intérieur*, op. cit., p. 229.

21.Hessel S., *Indignez-vous !*, Indigène Éditions, 2011, p. 19.

22.Filliozat I., *Je t'en veux, je t'aime*, op. cit., p. 216

23.Bradshaw J., *La Famille*, op. cit. p. 97.

第九章

1.Funès J. de, *Développement (im)personnel. Le succès d'une imposture*, Éditions de l'Ob- servatoire, 2019, p. 124. 此作者參考法國哲學家保羅．呂格爾（Paul Ricoeur）之哲學觀念

2.Juul J., *Cinq Piliers pour une vie de famille épanouie*, op.cit., p. 44.

3.Galland S., *La Relation entre les adultes et leurs parents*, op. cit., p. 160.

4.Juul J., *Cinq Piliers pour une vie de famille épanouie*, op.cit., p. 209.

5.Ibid., p. 155.

6. 在心理學上，「共生」這個詞彙指的是嬰兒與父母緊密的關係。共生包含了幾種不同現象，像是抵抗分化及融合的渴望。

7.Hendrix H. et Lakelly Hunt H., *Le Guide des parents*, op. cit., p. 68.

8.Ducommun-Nagy C., *Ces loyautés qui nous libèrent*, op. cit., p. 29.

9.Horowitz E. et Reynaud P., *Se libérer du temps généalogique. Comment déprogrammer son destin par la psychogénéalogie*, Dervy, 2002, p. 77-78

10.Yalom I., *Thérapie existentielle*, op. cit., p. 491.

11.Juul J., *Quatre Valeurs pour réinventer l'éducation. Les clés d'une relation épanouis- sante pour les enfants et leurs familles*, Marabout, 2017, p. 11.

12.Ibid., p. 55-56.

13.Monbourquette J., *Apprivoiser son ombre*, op. cit., p. 41-43.

14. 詞曲與音樂由 Houria Belhadji, Kristen Jane Anderson, Robert Joseph Lopez 創作。Wonderland 音樂公司，2013.

15.Cheng F., *De l'âme*, Albin Michel, 2016, p. 42-43.

16.Buber M., *Je et tu*, Aubier, 2012 (publié pour la première fois en 1923).

結語

1.〈箴言〉裡僅僅幾個字詞就能表達出人人都能理解、能接受的道理，發人深省讓我們進一步思考字句上的意義。然而它卻無法完整言喻一切，也不能解釋所有的狀況。

2.Grün A., *Ce qui entretient l'amour. Relations et spiritualité*, Éditions Salvator, 2011, p. 95

3. 摘自他的詩〈華爾滋〉（Valse）。

文經文庫 331

你的父母不是你的父母

透過「內在小孩」心法，
重整成人與父母更平和與成熟的親子關係

作　　者／瑪麗 - 法蘭絲 巴雷 · 迪 · 寇克侯蒙（Marie-France Ballet de Coquereaumont）
艾曼紐 巴雷 · 迪 · 寇克侯蒙（Emmanuel Ballet de Coquereaumont）
翻　　譯／黃翎
責任編輯／鄭雪如
封面設計／萬勝安
版面設計／張峻榤
行銷企劃／陳苑如
出 版 社／文經出版社有限公司
地　址：241 新北市三重區光復路一段 61 巷 27 號 8 樓之 3
電　話：（02）2278-3158、（02）2278-3338
傳　真：（02）2278-3168
E-mail：cosmax27@ms76.hinet.net

法律顧問／鄭玉燦律師

發 行 日／2021 年 8 月 初版一刷
定　　價／新台幣 450 元

Original French title: Vos parents ne sont plus vos parents.

Chinese complex characters edition arranged through The PaiSha Agency

Printed in Taiwan

你的父母不是你的父母：透過「內在小孩」心法，重整成人與父母更平和與成熟的親子關係 /
瑪麗 - 法蘭絲 巴雷 . 迪 . 寇克侯蒙 (Marie-France Ballet de Coquereaumont), 艾曼紐 巴雷 . 迪 . 寇克侯蒙 (Emmanuel Ballet de Coquereaumont) 著；黃翎譯 . -- 初版 . -- 新北市：文經出版社有限公司，2021.08

面； 公分 . --（文經文庫；331）

譯自：Vos parents ne sont plus vos parents. Les clés pour réajuster la relation avec ses parents à l'âge adulte.

ISBN 978-957-663-799-5(平裝)

1. 親子關係 2. 親職教育 3. 成人心理學

544.1 110008154